やさしく
わかる！

文系のための
東大の先生が教える

バイアスの心理学

JN016172

監修 **植田一博**
東京大学大学院教授

はじめに

　ノーベル経済学賞受賞者のダニエル・カーネマンとその同僚のエイモス・トベルスキー（1996年逝去）が創始した「ヒューリスティックとバイアス」研究プログラムによって，**人はさまざまなヒューリスティック（ある程度のレベルで正解に近い解をすばやく得ることが可能な思考方略）を用いて判断し，その結果，論理などの規範理論の正解から逸脱した行動にしばしば陥る，すなわち認知バイアスの罠にはまることが明らかになりました。**認知科学におけるこの研究成果は他分野にも影響をあたえ，「行動経済学」という新しい分野が確立されるに至りました。また社会心理学でも，対人認知，組織や社会における人（々）の合理的ではない行動が明らかになりました。このように認知バイアスは，人（々）が関わる様々な現象において広く見られ，全容がつかみづらいものです。

　以前，ある病院の医師たちの前で認知バイアスに関する講演をした後に，一部の方から，「バイアスの影響を受けるのは一般の方々であり，訓練を積んだ医師ではない」というコメントを頂戴しました。確かに，訓練を積んだプロは，本書で登場するサンクコスト効果などの影響を受けにくいですが，影響はゼロではありません。**将来の合理的な判断が必要な状況に備えて，たとえプロでも，自分たちがバイアスの影響を受ける可能性があり，それを回避するには何が必要かを学んでおく必要があります。**

　この本では，認知バイアスをやさしく理解できるように，要点を絞って説明しています。一方で，認知バイアスを生むヒューリスティックは長い年月をかけて進化的に獲得されたものであり，われわれの生存に利益をもたらしていると考えられています。ニュートンプレスの編集スタッフの工夫により，このような認知バイアスの本質，つまり長所と短所を理解していただけるものと期待しています。本書は，認知バイアスの議論にはじめてふれる読者にはやさしい案内人として，さらに，一定の知識をおもちの方には，実世界の現象に関連づけたアプローチで理解を深めるための道しるべとしてお役に立つと考えています。

監修

東京大学大学院総合文化研究科教授

植田一博

目次

1時間目　誰の心にもひそむ考え方のクセ

STEP 1
知覚と認識のバイアス

STEP 2
さまざまな問題につながる認知のゆがみ

2時間目 思わぬ危機をまねく思いこみや先入観

STEP 1

悪い状況なのに変えたくない心理

STEP 2

想像以上に変化しやすい私たちの記憶

3時間目 知っておきたい 判断と行動のバイアス

STEP 1

言葉や情報に影響される「判断」

STEP 2

「好き」と思う意外な理由

STEP 3

思いこみやイメージで変わる「行動」

4時間目 無意識が影響する 集団と人間関係

STEP 1

正しいと思っているのは自分だけ?

STEP 2

要注意!　対人関係が悪化する論法

STEP 3

「集団」が生みだすさまざまな心理

STEP 4

集団ならではの「便乗」と「無責任」

5時間目 数字にまつわる 思いこみや勘ちがい

STEP 1

直感とことなる「確率」や「統計」

とうじょうじんぶつ

植田一博先生

東京大学で情報科学と
認知科学を教えている先生

理系アレルギーの
文系サラリーマン（27歳）

1

時間目

誰の心にもひそむ
考え方のクセ

知覚と認識の
バイアス

私たちはあるがままに世界を見ていると考えがちです。しかし脳の認識する世界が，無意識のうちに，実際のものとはことなっていることがあります。そのような認知バイアスの例を紹介します。

認知バイアスって何？

先生，最近，認知バイアスって言葉をよく耳にするんですが，いったい何のことなんですか？

たしかに最近よく話題になっていますね。
認知バイアスとは無意識のうちに記憶や判断が事実や（論理に基づく）合理的な解からずれることです。
いわば記憶や判断の**ゆがみやかたより，考え方のク****セ**ともいえます。

考え方のクセ！
記憶や判断のゆがみなんて，私は感じたことありません。
私にも認知バイアスなんてもの，あるんでしょうか？

もちろんです。
認知バイアスは誰にでも存在します！
私たちは皆，判断をするときや物事を考えるときに，無意識のうちに，認知バイアスの影響を受けているのです。

たとえば災害時などには，**正常性バイアス**という認知バイアスが問題になります。

これは，自分にとって何らかの被害が予想されるような**危険**がせまっていても，ある範囲内であれば，それを正常な日常生活の延長上の出来事としてとらえてしまい，都合の悪い情報を無視したり，「**このくらいなら大丈夫**」などと過小評価してしまうバイアスで，命にかかわる場合もあります。

えー，危険がせまっている状況でも，避難しなくていい，みたいに考えてしまうわけですか？

そうです。

このように，認知バイアスがはたらくと，**非合理的な考えや判断**におちいってしまうことがあります。

また，思わぬ**差別**や**偏見**といった問題を引きおこす恐れもあります。

認知バイアスってすっごく厄介そうですね……。

たしかに認知バイアスは，物事を正しく認識できなかったり，非合理的な考えにおちいったりする原因になりえます。

認知バイアスを生みだす思考方略は一般に**ヒューリスティック**とよばれます。これは，必ずしも正しい答えをみちびけるとは限らないのですが，ある程度のレベルで正解に近い解を**すばやく得る**ことを可能にする思考方略です。

正解とはことなる答えをみちびくことはありますが，必ずしも悪いものではないんですよ。

ヒューリスティックは，人類の長い進化の歴史の中で獲得されてきたと考えられています。したがって，むしろ生きていくうえでは**プラスにはたらく**と考える方が自然です。

そっか，ほぼすべての人にそなわっているわけですからね。

はい。

ヒューリスティックは，認知バイアスを生じさせることがあるためにマイナスの面が強調されることが多いですが，ちゃんと**プラスの面**もあるわけです。

ヒューリスティックにはどんなプラスの面があるんでしょうか？

私たちは，情報が十分でなくても，ヒューリスティックのおかげで瞬時に判断することができます。物事を深く考えなくても，**無意識のうちに判断を下す**ことを可能にしているのです。

たとえば，「ともに山梨県にある**甲府市**と**北杜市**のうち，**人口**が多い都市はどちらか」という人口推定課題（クイズ）に答えることを想定しましょう。よほどの専門家でもない限り，両都市の人口数は知らないので，人口数以外の手がかりを使って考えざるを得ません。

うーん，人口数は知りません。そもそも甲府市は知って
いますけど，北杜市ははじめて聞きました。

ええ，甲府市は知っているけれども，北杜市は知らない
という方は多いかと思います。

そういう方は，**「知っている都市の方が人口が多いだろ
う」**と推定するかもしれません。実は，この思考方略は，
認知科学者のゲルト・ギゲレンツァーらが発見した，**再
認ヒューリスティック**とよばれるヒューリスティッ
クを用いたものです。

再認ヒューリスティック……。

このような判断は，県庁所在地かどうか，新幹線が停車
する駅があるかどうか，プロ野球球団の本拠地があるか
どうかなどの知識を用いて考える場合にほぼ匹敵する正
解率をもたらすことが知られています。実際，本書を執
筆している時点では，甲府市（約19万人）の方が北杜市
（約5万人）よりも人口が多いです。

ふむふむ。

ただし，両方の都市を知っている場合には，このヒュー
リスティックは使用できません。

その場合でも，自分にとって**馴染みのある都市**を選択
するという**親近性ヒューリスティック**が有効なこと
を，私たちの研究グループが明らかにしました。

このようにヒューリスティックには，知識が不足している状況でもあまり深く考えずに正解を得られる可能性があるというプラスの面があります。

一方で，常に正解をもたらすわけではなく，それが本書で取り上げている認知バイアスになります。

このように，ヒューリスティックは，脳にかかる負担を軽くする思考方略だといえるのです。

なるほど。

それから，大きな不安やストレスをやわらげる認知バイアスもあります。先ほどの正常性バイアスは，想定外の事態に巻き込まれたことによるストレスを回避するための人の基本的な心の防衛反応だと考えられています。

ヒューリスティックのおかげで，効率よく迅速に判断が下せるようになるわけですね。

でも，そのせいで，適切でない判断をしてしまうこともあるわけですよね。

そうですね。

でも，ヒューリスティックがもたらす認知バイアスについてあらかじめ知っておけば，思いこみや偏見に気づきやすくなり，適切な判断がしやすくなる可能性がありますよ。

先生，認知バイアスのことを知って，適切な判断ができるようになりたいです！
認知バイアスについて，くわしく教えてください！

いいでしょう。いろいろな例とともに，認知バイアスと，その背景にあるヒューリスティックについて紹介しましょう。

よろしくお願いします。

ポイント！

認知バイアス

記憶や判断のゆがみやかたよりのこと。このようなゆがみやかたよりをもたらすのが，ヒューリスティックである。ヒューリスティックを用いることで，迅速に判断を下せるなどの効用もあるが，合理的な判断をさまたげる原因となることもある。

まずは，視覚にまつわる認知バイアスを紹介します。
私たちは普段，世界をあるがままに見ていると思いがち
ですが，脳が認識している世界は，無意識のうちにゆが
んでいることがあります。その代表例が錯視です。

錯視も認知バイアスの一種なんですか？

ええ，広い意味での認知バイアスですよ。たとえば，次
のイラストを見てください。これは有名な**ミュラー・
リヤー錯視**と**ポンゾ錯視**というものです。それぞれ
の水平線は上と下，どちらが長く見えますか？

ミュラー・リヤー錯視

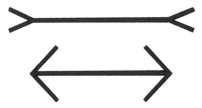

ポンゾ錯視

上のほうが長く見えます！

そうですね。
ぱっと見た感じでは，どちらのイラストも上の水平線の方が長く見えるでしょう。
でも，実は，両方とも同じ長さなんです。これは**私たちの脳がまわりの斜線などから無意識に奥行きを認識し，それを考慮して，水平線の長さを判断した結果**ではないかと考えられています。

どういうことでしょうか？

では，もう少し具体的に説明しましょう。
三次元世界で考えると，**ポンゾ錯視**の状況は，**奥行きのある風景の一部**だととらえることができます。この状況では，物理的に同じ長さであれば，奥にある線分の方が短く見えるので，このような錯視がおきても不思議ではありません。

ふむふむ。

一方，**ミュラー・リヤー錯視**の線分の向きを縦方向に変えると，次のページの図のような奥行きをもった壁のある風景の一部になっていることがわかります。
図のピンクの線分に注目してください。ここでも，物理的に同じ長さであれば，奥にある線分の方が短く見えるので，錯視がおきても不思議ではありません。

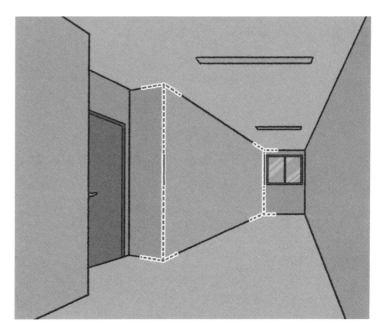

 つまり，これらは，錯視という名前はついていますが，われわれの視覚が実世界（三次元世界）を正しく解釈していることを反映しているといえます。

 でも，そういわれても，やはり上の線が長く見えますね〜。

 われわれの視覚は**三次元世界**で生きるために進化してきたので，脳は視覚現象を三次元世界のものとして解釈します。しかし，これらの錯視図形は**二次元平面**上につくられているので，三次元と二次元の間の情報のズレ，すなわち錯視が生じるのだといえます。だからこそ，正解を知った後でも錯視はなくならないですし，このような基本的な錯視は誰にでも生じ得るのですね。
さて，次のイラストも有名な錯視です。AとBのタイルは，どちらの方が明るいでしょうか？

 # 当然，Bの方が明るいです！

 これも実は，AとBのタイルはまったく同じ明るさなんです。

なかなか信じられないかもしれませんが，AとB以外の部分をかくしてみると，同じ明るさであることがわかります。次の図は，AとBのタイルを並べて配置したものです。

この錯視は，Bはもともと白いタイルだけど円筒の影で暗く見えている，と脳が判断したことでおこっているんです。

 うわぁ，不思議。
脳が実世界の情報を正しく認識できていないんだ……。

 おもしろいですよね。最後に，下のイラストを見てください。これは錯視ではありませんが，前後にある文字によって同じ文字がことなって読めるというものです。

$$
\begin{array}{c}
\mathsf{12} \\
\mathsf{A}\ \mathsf{13}\ \mathsf{C} \\
\mathsf{14}
\end{array}
$$

たしかに，縦に読むと数字の13に見えて，横に読むとアルファベットのBに見えますね。

これはジェローム・ブルーナー（1915 〜 2016）という心理学者が指摘した文脈効果という認知バイアスで，前後の情報や環境といった文脈によって，見方やとらえ方にちがいがあらわれる現象です。
この効果はマーケティングでも活用できる可能性があります。

マーケティングに？

たとえば，次のような実験があります。
まず，金属製の黒のボールペンと，プラスチック製の普通の黒のボールペンを用意して，それぞれのボールペンのうち，より好ましい方を選んでもらいました。
すると，多くの人が金属製のボールペンを選びました。つまり，金属製のボールペンの方が魅力的だった，ということです。

ふむふむ。

ここで，両者のボールペンに，プラスチック製の普通の黒のボールペンと材質や見た目が同じ，色ちがいの3本のプラスチック製のボールペンを加えて，計4本のセットとして参加者に選んでもらいます。つまり，金属製ボールペン1本＋プラスチック製ボールペン3本のセットと，プラスチック製ボールペン4本のセットのどちらがよいか，ということです。

普通に，金属製ボールペンが含まれている方が，より選ばれる気がします。

ところが，実際に参加者に選んでもらったところ，どちらのセットも同じ程度に選ばれたのです。

単独で選んだ場合は，金属製ボールペンがより魅力的だったはずなのに，セットになると，必ずしも金属製ボールペンの方が魅力的に映るわけではなくなるようです。セットとしての統一感が選択に影響をあたえたと考えられます。

このように，物の価値は周囲の状況に応じて，高く見せたり，低く見せたりすることができるのです。

なるほど〜。勉強になります。

プラスチックのボールペン
だけのセット

プラスチックの
黒ボールペン

プラスチックの
ボールペン

金属製のボールペンと
プラスチックのボールペンのセット

金属製の
黒ボールペン

プラスチックの
ボールペン

人は「目の前の変化」を見落とす

人は自分が思っているほど目の前のものが**よく見えていない**ようです。
たとえば，私たちは**目の前の変化**に鈍感で，気づかないことがあるんですよ。

えぇ!?
そんなこと，あるんですか？

それが，あるんですよ！
たとえば一部がことなる二つの画像を用意して，それを瞬間的に入れ替えてみます。いわば，二つの画像が交互にあらわれる，**まちがい探し**です。
二つの画像が入れ替わる瞬間には，白い画像などのブランクを一瞬だけ表示します。

ふむふむ。

二つの画像を並べて見くらべるとすぐにわかるようなちがいでも，交互に表示されると，人はなかなか気づくことができないのです。これは私たちの脳がもつ性質で，実験でたしかめられています。
このような現象は**変化盲**とよばれています。

二つの画像が交互にあらわれるまちがい探しは，とってもむずかしい，ということですね。

はい，その通りです。

また，何か別のものに**注意を奪われているとき**，目の前の変化に気づきにくいという現象も知られています。

心理学者のダニエル・シモンズらが行った衝撃的な実験があります。

実験では，参加者に**バスケットボールの試合**の映像を見てもらいます。**映像を流す前に参加者へ「白いユニフォームを着たチームが何回パスをしたかを数える」という課題を出します。**

ふむふむ。

映像では，白い服のチームの複数名と黒い服のチームの複数名が動きながら，それぞれのチームメンバー同士でパスを回します。

そして，映像を見終わったあと，参加者に白いユニフォームのチームのパスの回数のほかに，「**ゴリラに気づいたか？**」とたずねます。

ゴ，ゴリラ!?

実は映像には約10秒間，ゴリラの着ぐるみがあらわれるんです。

この実験の真の目的は，映像の途中にあらわれるゴリラの着ぐるみに気がついたかどうかをたしかめることだったのです。

普通に見ていれば，誰もがゴリラに気づくはずです。しかし実験では，おどろくべきことに**約半数**の参加者がゴリラが登場していたことに気づきませんでした。

そんなことが本当におこるんですね。

はい。私たちは，視界に入ったものはすべて知覚できていると思いがちです。
しかしさまざまな実験結果が示しているように，**何か別のことに気をとられていると，たとえ視界に入っていても気づかないことがあるんですよ。**

何だか自分のことが，少し信じられなくなったかも……。

ははは。あくまで，見えているものを脳がいつも正しく判断しているわけではない，という一例ですよ。
なおゴリラの実験映像はシモンズ博士のサイト（http://www.dansimons.com/videos.html）で公開されているので，興味のある人は試してみてくださいね。

ここからは，少し目先を変えて，情報の認識にまつわる認知バイアスを紹介します。
まずは，**確証バイアス**です。

確証バイアス？

はい。たとえば**A型の人は几帳面**で，**B型の人は自由奔放**というように，人の性格と血液型には関係があるといわれることはよくありますよね。
しかし実際には，性格と血液型の関係に，科学的根拠はありません。

うーん，でも，やっぱりA型の人って，几帳面な気がします……。

ええ，たとえ科学的根拠がないことを知っていても，やはりA型の人は几帳面に思えてしまう，という人も多くいることでしょう。その理由の一つこそ，**確証バイアス**だと考えられます。
確証バイアスとは，自分の仮説や信念と一致する情報ばかりに注目し，まちがっていることを示す情報を無視しやすい，あるいはそもそもそのような情報を集めようとしない傾向のことをいいます。
イギリスの認知心理学者ピーター・カスカート・ウェイソン（1924 ～ 2003）が提唱しました。

どういうことですか？

たとえば「Ａ型の人は几帳面だ」と思いこんでいる人は，
Ａ型の人の几帳面な行動ばかりに注目し，大ざっぱな行動にはあまり注意を払わない傾向があります。
その結果，「Ａ型の人はやっぱり几帳面だ」と思ってしまうのです。

なるほど。
自分の考えに合致する行動にだけ，注目してしまうんですね。

1978年に社会心理学者のマーク・スナイダーらが行った，確証バイアスに関する実験があります。
実験の参加者は，別室で待っている初対面の人に**インタビュー**をして，その人の性格を判断するようにいわれます。
具体的には，半数の参加者にはインタビュー相手がどの程度外向的なのか，もう半数の参加者にはどの程度内向的なのかを明らかにするように，それぞれの性格に典型的な特徴を示しながら依頼しました。

また，参加者にはインタビューの前に，インタビュー相手の人物プロフィールが書かれた**カード**が渡されました。

カードには，大人数でいるのが好きといった**外向的な人**の性格的特徴，または，一人の時間を好むといった**内向的な人**の性格的特徴が書かれています。

そして参加者はインタビュー相手がそこに書かれたような人物であるかどうかを判断するようにいわれます。

ほうほう。

ただしカードには，インタビュー相手が受けた性格テストの結果にもとづいた**確実性の高い情報**と，単に外向的または内向的な人の性格の一般的な特徴を書いただけの**確実性の低い情報**が用意されていました。

へぇ！　それでどうなったんですか？

面白いことに，参加者はインタビューにおいて，**確実性の高い低いにかかわらず，カードに書かれた事前情報（人物プロフィール）と一致する答えを引きだすような質問を多く行う傾向がありました。**

えっ！　そうなんだ。

ええ。

カードに外向的な人の性格的特徴が書かれていた場合には「あなたはどんな状況で最も口数が多くなりますか？」といった質問をすることが多く，カードに内向的な人の性格的特徴が書かれていた場合には「騒がしいパーティーで嫌だと思うことは何ですか？」といった質問をすることが多かったのです。

このように，**事前情報にそった答えをみちびく質問ばかりするのは，確証バイアスがあるためだといえます。**

無意識でそういう選択をしているのか……。

事前に外向的な人物の特徴を渡された場合には，「どんな状況で口数が多くなるか」など，外向性に関する質問が多くなります。

事前に内向的な人物の特徴を渡された場合には，「パーティで嫌だと思うことは何か」など，内向性に関する質問が多くなります。

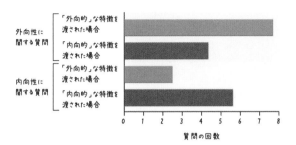

注：ここでは，インタビュー相手の性格の確実性が低い場合の結果のグラフを示しました。確実性が高い場合も，同様の結果が得られました。

私たちは日々の生活や仕事において，物事をすばやく，効率的に判断する必要があります。

このため，**確証バイアスを避けるのはなかなかむずかしいといえますね。実際，合理的であることを生業とする科学者でも確証バイアスの影響を受けてしまうことが報告されています。**

そんなにも確証バイアスの影響は強いのですか。

たしかに，事前情報や，それまでの自分の考えを裏づける情報だけを集めた方が，迷いが少なくなって，結果的にすばやく判断できるので，このバイアスの影響を受けてしまいそうですね。

そうですね。

しかし**仮説の真偽を正しく判断するためには，仮説に一致する情報だけでなく，仮説に反する情報にも目を向けなければなりません。**

そして日ごろから，自分の判断が確証バイアスの影響を受けていないか注意する必要があります。

そうか，両方を意識することが大事なんですね！

ポイント！

確証バイアス
　　自分の仮説や信念と一致する情報ばかりに注目し，それ以外の情報を無視しやすい，あるいはそもそも集めようとしない傾向がある。

また，自分が主張したいことに都合のよい証拠ばかりを選び，反証となる事実を隠したり，無視することを**チェリー・ピッキング**といいます。

ちぇりー・ぴっきんぐ？

どうしてそうよぶんですか？

多くのさくらんぼの中から，熟れたものだけを選びだすことになぞらえていて，**いいとこどり**のことをさします。

先ほどの話を例にあげると，几帳面なＡ型の人ばかりに注目し，Ｂ型の几帳面な人はいなかったことにして「Ａ型は几帳面だ」と主張するようなものですね。

なお，チェリー・ピッキングの多くは意図的に行われますが，先ほど説明した確証バイアスの影響で意図せずに行われる場合もあります。

ふむふむ。

私たちは無意識のうちにチェリー・ピッキングをしてしまうことがあります。

たとえばネット上の怪しいうわさであっても，それが自分の考えと一致するものであれば，無意識にそのうわさを裏付ける証拠ばかりを探してしまっていませんか？

うっ，たしかにその傾向はあるかも……。

何事においても判断や選択を誤らないために，不都合な事実から目を背けない姿勢をもつことが重要です。

心しておきます！

単純なのにまちがえる「2-4-6課題」

 ここで先ほどの確証バイアスに関係する問題に挑戦して
みましょう。

 どんな問題ですか？
正解にたどりついてみせますよ！

 ははは，素晴らしい意気込みですね。
次のページの問題は2-4-6課題とよばれるものです。
確証バイアスをとなえたウェイソンが1960年に考案しま
した。簡単そうに見えますが，正答率が高くないことで
知られている問題です。

2-4-6 課題

「2，4，6」という 3 個の数字が並んでいます。この 3 個の数字はあるルールにしたがって並んでいます。さて，そのルールとは何でしょうか？

参加者は，任意の 3 個の数字をつくって質問すれば，それがルールしたがっているかどうかを答えてもらえます。質問は何度でも行えます。

質問が十分だと思ったら，「2，4，6」という数字の並びの背後にあるルールを答えてください。

う〜ん……。3個の数字の組み合わせをつくって，そこからルールを推測していけばいいんですね。
たとえば，「10，12，14」はどうですか？

はい，「10，12，14」はルールにしたがっています。

「74，76，78」はどうですか？

「74，76，78」もルールにしたがっていますよ。

かなり推測できてきた気がします。
じゃあ,「1, 3, 5」はどうでしょう?

はい, ルールにしたがっています。

ふむふむ。わかりました!
この問題の答えは,「**2ずつ大きくなる数**」というル
ールですね!

ブブー! はずれ。

ウェイソンがこの問題の答えとして設定したのは, 単に
「大きくなる数」というルールです。

えー, 残念! 予想以上に単純なルールでした。

実際にあなたと同じように考えて答えにたどり着けない
人は多くいるんですよ。
この課題の答えにたどり着くには, 自分の仮説を満たす
数の組だけでなく, 仮説を満たさない数の組もつくって,
確認しないといけません。
しかし, この課題に取り組む人の多くは, 今のあなたの
ように, 自分の仮説を満たす数の組ばかりを質問する傾
向があるため, なかなか答えにたどりつけないのです。

ふぅむ。

たとえば,「2ずつ大きくなる数」という仮説の真偽を確
かめるには,「3ずつ大きくなる数」などを試す必要があ
ります。

しかし，多くの人は，「2ずつ大きくなる数の組」ばかり
をつくって質問してしまうのです。

 なるほど……。
なぜそのようなことがおきるのでしょうか？

 ここに，前にお話しした**確証バイアス**が関係している
と考えられます。
つまり，人は自分の仮説の**反証**となる数字の組み合わせ
よりも，**仮説の裏づけ**となる数字の組み合わせを優先
的に確認してしまうのです。

 へぇ〜。ここでも確証バイアスが関係してくるんですね。

 多くの人がまちがえてしまうことから，**バイアスの影響
がよくわかる問題なんですよ。**

占いの結果は誰にでもあてはまる？

 悩みがあるときや迷っているときなど，**占い**に頼りたく
なることってありませんか？

 あります！　私，占い大好きなんですよ。

 好きな人多いですよね。しかし占いには**科学的な根拠
が薄い**といわれていることを，知っておく必要があるで
しょう。

そんなことわかっていますよ。
でも占い師さんは，私の特徴や悩み，そして未来まで，
ぴったり言い当てるんですよ。
占い師さんは科学を超えた不思議な力をもってい
て，きっとなんでもお見通しなんですよ。

ふむ，そうですか。
では，私もあなたの性格を占ってみましょう。手相を見
せてください。……ふむふむ。
あなたの性格はずばり次の通りです。

あなたの性格の特徴

マメな性格で気配りもうまく，誰とでも合わせ
ることができます。ただ，慎重になりすぎて用
心深くなったり，あれこれ考えたりしてしまうク
セがあるようです。いったん夢中になるとほかの
ことが目に入らなくなることもあります。親しみ
やすく表裏のない性格で人を引きつける魅力が
あります。やや根気に欠けるものの，物事を多
角的にとらえて分析することができます。

「錯思コレクション」のバーナム効果のページ（https://www.jumonji-u.ac.jp/sscs/ikeda/cognitive_bias/cate_s/
s_05.html）から一部改変して引用

先生すごい！
まさに私のことです！　まさか占いができたとは。

いえいえ，実は占いができるわけではないんですよ。
これは実際には，**誰にでもある程度あてはまりそうな内容を書いただけの文章なんです。**

えっ!?

私に特有の性格ではないんですか？

はい。この文章が，占いや血液型診断にもとづくあなたの性格だといわれたら，当たっていると感じてしまう人は多いと思います。
でも，実はそれはバーナム効果という認知バイアスのせいなのです。

ばーなむ効果？

バーナム効果とは，誰にでもあてはまるような，性格に関する一般的であいまいな記述内容であっても，自分だけに当てはまることのように感じる効果のことをいいます。
書かれている内容の中に，自分の性格や経験との共通点を見いだし，まるで当たっているかのように感じてしまうのです。

なるほど。私，もろにその効果に影響されていたんですね。

まぁまぁ。多くの人が同じように感じるからこそ，広く知られている認知バイアスなんですよ。

はい……。

心理学者のバートラム・フォラー（1914～2000）が1949年に行った，バーナム効果に関する実験があります。実験では，大学で心理学の授業を受講していた学生39人に，**性格診断テスト**を受けてもらい，個々に結果を返却しました。

ふむふむ。

しかし，**実はその結果はすべて同じもので，フォラーが占星術の本などに書かれている内容を組み合わせて，誰にでもあてはまるように作成した文章でした。**

えぇ～!?

そして学生に，結果に書かれた内容が自分にあてはまっていると感じた程度を0～5点の6段階で評価させたところ，**平均点は4.3点**と高く，4点以下をつけたのは5人だけでした。

なんと！ そんなに多くの学生さんが，同じ結果を自分のことだと感じたんですね。

そうなんです。

そもそも人は矛盾した側面を併せもっていることがあります。たとえば書類などを適当に自分の身のまわりにしまいこんでしまい，大ざっぱな性格だと思われている人がいたとします。

しかし，同じ人であっても，数字に関しては厳しく，何度も見直さないと安心できないという面があるかもしれません。

また，日ごろは社交的な人でも，はじめて会う人が大勢いる場であれば，人見知りをしてしまうかもしれないですよね。

たしかに，いわれてみるとそうですね。

つまり誰しも「あなたは○○ですね」と面と向かって言われると，自分の中の○○な部分を探すことができ，「そうかもしれない」と納得してしまうのです。

占いが当たっていると思うのも，このようなバーナム効果がはたらいている可能性があります。

なるほど！　誰もがそう感じてしまう可能性があるってことですね。占いに行くときは注意してみます。

とくに，評価者（占い師）の権威を信じている，分析（占いの結果）が前向きな内容ばかりであるなどの場合には，バーナム効果が強く生じることがその後の研究で知られているので，注意してくださいね。

1
時間目

誰の心にもひそむ考え方のクセ

43

バーナム効果
　誰にでもあてはまるような性格に関する記述内容であっても，自分のことを言い当てられたように感じる傾向がある。

「成功から学ぶ」だけでは見落としがある

 さて，次は生存者バイアスについてお話ししましょう。

 生存者バイアス？
何やら深刻な響きがありますね。

 私たちはビジネスやスポーツ，勉強などで成功したいと思ったとき，その分野で成功した人を真似しようとする傾向があります。

 はい，そりゃあ成功した人を真似するのが，成功への一番の近道だと思います！

 そのように，私たちは成功して生き残ったものばかりに注目しがちです。

失敗して失われたものは，そもそも分析の対象にできませんからね。これが生存者バイアスです。
しかし，実は失敗した例を分析することも非常に重要であることが多いのです。

ふぅむ。どういうケースでしょうか？

たとえば災害のあとでは，被害にあって亡くなった人から話を聞くことはできないため，生還した人の話だけが広まることになります。
しかしその人は偶然，比較的安全な状況にいたから生還できたのかもしれません。
生存者の証言だけでは，その災害が人を死に至らしめた重要な原因について，十分に知ることができない可能性があるのです。

たしかにそうですね。

生存者バイアスの重要性を学ぶうえで，興味深い事例があります。
第二次世界大戦中の 1943 年，アメリカ軍は軍用機に装甲を追加しようと考えていました。しかし重い装甲をあまりに多くすると，飛行性能が低下してしまいます。
そこで，追加する装甲を最小限にしつつ，撃墜される可能性を低くするためにはどうすればよいかを考えることになりました。

はい。

海軍の研究者は，戦場から生還した機体の弾痕を調べ，被弾数が多い部分の装甲を強化するように提案しました。しかし，実はここに**生存者バイアス**におちいる隙があったのです。

えー，それじゃだめなんですか？
墜落した機体は調べるのがむずかしいでしょうし，実際に戦場から生還した機体の被弾箇所を調べるのが，一番効果的なんじゃないですか？

いいえ，そうともいいきれないでしょう。
生還した機体において被弾数が多かった場所というのは，見方を変えれば，撃たれても墜落しなかった場所ということですよね。

あっ……。たしかにそうですね。

生還した機体は，撃たれたら致命傷となる場所への被弾は当然少ないはずです。
つまり**装甲を厚くする場所を決めるためには，生還した機体だけではなく，生還できなかった機体も考慮する必要があった**のです。

な，なるほど……。

弾痕の分析を担当した統計学者のエイブラハム・ウォールド（1902 ～ 1950）は，その前提をふまえたうえで，機体の各部位のどこが脆弱かを適切に推定する手法を考案しました。

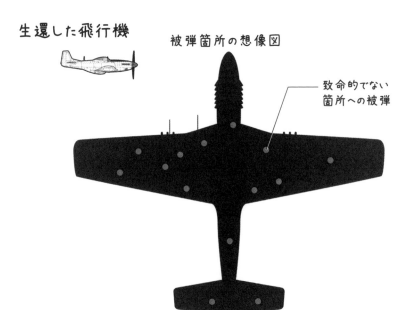

生還した飛行機

被弾箇所の想像図

致命的でない
箇所への被弾

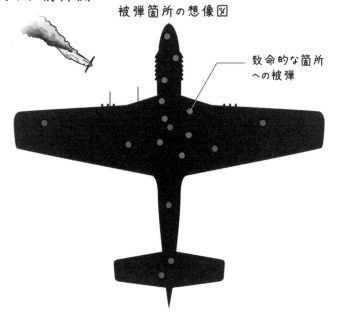

撃墜された飛行機

被弾箇所の想像図

致命的な箇所
への被弾

47

おぉ～，素晴らしい！
そうすれば，生還できる機体が増えますね。

 はい。私たちは仕事や勉強においても，生存者バイアスに気をつける必要があります。たとえば，ビジネスで成功した人が，「自分はこの方法で成功した」と語るとします。しかし，その方法そのものが成功に結びついたとは限りません。本人が自覚できていない原因や偶然性が影響している可能性もあるのです。
成功の方法を適切に判断するには，失敗した人の事例もあわせて確認することが重要になります。

 はい！
これからはしっかり意識するようにしようっと。

ポイント！

生存者バイアス
　成功した例のみに注目して分析し，それを基準にして判断する一方，失敗した例に注目しないこと。

STEP 2

さまざまな問題に つながる認知のゆがみ

人の心には，想像以上に「認知のゆがみ」がひそんでいます。それらを知ることで，思いこみや偏見を回避し，冷静に物事をとらえられるでしょう。

悪いことがおきた人は「悪い人」なのか

ここからは，さまざまな問題を引きおこしかねない認知バイアスについて，紹介していきましょう。
まずは公正世界仮説について，お話しします。

こうせいせかい仮説？

あなたは，よいことをしたら報われ，悪いことをしたら罰を受けるというような考えをもっていませんか？
実は，人は誰もが同じような信念，つまり行いに対して公正な結果が返ってくるという信念をもっているのです。アメリカのメルビン・ラーナーという社会心理学者とその同僚は，1960年代にこの信念を公正世界仮説とよんで理論化しました。

たしかに悪いことをするとバチが当たるとかいいますもんね。

それにゴミを拾ったりすると，よい運がまわってくる気がします。

 ええ，まさにそのような考えです。
たとえば，私たちが何かを努力することができるのも，この信念にもとづいて，「努力をすれば報われる」と考えるからだといえるでしょう。

 仕事がキツイときでも，「これを乗り越えれば成長できるはず」とか「社内の評価が上がるはず」みたいな思いを支えにしていますね。

 ええ，そういうことです。
このような信念は苦しいときにがんばるモチベーションにもなります。
でも，実は危険な面もあるんですよ。

 えっ，危険な面？

 たとえば犯罪の被害者になるなどの悪いことがおきた人がいたとすると，この信念にもとづいて「そんな目にあったのは，被害者側にも落ち度があったからだ」と非難することにつながりかねないのです。
これは**被害者非難（もしくは犠牲者非難）**とよばれています。

 たしかに，運が悪い人に対して，日頃の行いが悪いからだと思ってしまうことは，よくあるかもしれません。

51

ええ。

公正世界仮説をとなえたラーナーは，被害者非難について検証する実験を 1966 年に行いました。やや複雑な実験のため，くわしい実験条件などは省略して紹介します。

この実験の参加者は，他人（犠牲者）が電気ショックを受けているようすを，別室からテレビモニターごしに観察します。

犠牲者は実験者から問題をあたえられ，解答をまちがえるたびに罰として電気ショックを受けます。ただし，実は犠牲者はサクラで，電気ショックを受ける演技をしているだけですよ。

電気ショック……！

演技とはいえ，見るのはつらいですね。

そうですね。

参加者はこのようすを観察したあと，犠牲者の印象についての質問に回答します。

質問には，たとえば「犠牲者はまわりの人から尊敬されそうか」「人生の目標を達成できそうか」などの項目があり，参加者が犠牲者を高く評価したか，低く評価したかがわかるようになっていました。

ふむふむ。

この実験では，参加者はいくつかのグループに分けられています。

まず，グループＡの参加者には，犠牲者がこのあとも解答をまちがえたら，その罰として電気ショックを受けつづけると伝えられました。
一方，グループＢの参加者には，実験はつづきますが，今後は解答が正しければ犠牲者は報酬を得られるようになると伝えられました。

そ，それで，参加者の評価はどうなったんですか？

なんと，グループＢよりグループＡの参加者のほうが，犠牲者を低く評価する傾向があることがわかりました。
つまり，犠牲者が報われないとわかった場合，参加者は犠牲者を低く評価する傾向があったのです。

えぇ !?
何でそうなるんでしょうか？

もしも何も悪いことをしていないのに電気ショックを受けているのであれば，そんな理不尽な現実は参加者の心に**不安**をもたらすことになります。つまり，公正世界信念がゆらぐことになります。
そのような世界では，たとえ悪いことをしていなくても，いつ自分が傷つけられるかわかりません。
こうした不安からのがれるために，つまり，ゆらいだ信念を回復するために，犠牲者が罰を受けるのは，本人に問題があるからだと考えてしまうのです。
なお，被害者非難については，ことなる説を提唱する研究者もいます。

そうなんだ……。
悪いことがおきた人は悪い行いをしたためだ，と思いこむことで，安心を得ようとする脳のはたらきということですね。
でも，実際には悪いことがおきた人が必ずしも悪い人というわけではないと……。

はい，そうなんです。
公正世界仮説の考えは，自分が心がけるぶんにはよいものです。
しかし**不幸な目にあった他者について，何かを決めつけるのはまちがっています。物事を適切に判断するには，他者の立場や状況を想像してみることがたいせつです。**

よく覚えておきます！

ポイント！

公正世界仮説

人の行いに対して公正な結果が返ってくるという信念。被害者非難につながる恐れがある。

公正世界仮説

よいことをした人　　悪いことをした人

報われる　　　　　罰を受ける

悪い行いを
していたはず

罰として電気ショックを
受けていた人

自分の不幸は「社会のせい」ではない？

つづいては**システム正当化理論**についてお話しします。
非正規雇用が増えている昨今，所得などの格差が広がっていますよね。
正規雇用を求めながら，なかなか職につけない人がいるとしたら，その原因は何だと思いますか？

う〜ん，むずかしい問題ですね。
資格をとっていないとか……？

そうですね。
この問題について，多くの人は，本人の能力が劣っているのではないか，これまでの努力が足りなかったのではないか，など個人に原因があると考えがちです。
一方で，もっと多くの人が高収入を得られるよう，社会のしくみを改革すべきだと行動する人は少ないと思います。

たしかにその通りかもしれません。
私も個人の努力不足かなって思いがちです。

そうでしょう。
このように私たちには，格差や差別などがあっても，人々に現状の社会システムを維持・正当化しようとする傾向があるのです。

これを**システム正当化理論**といいます。心理学者の
ジョン・ジョストとマーザリン・バナージが指摘し，
1994年に発表しました。

システム正当化……。

この雇用の問題でいうと，高い賃金を得るなど恵まれて
いる人が現状のシステムを肯定するのは，ある意味あた
りまえといえます。
しかし非正規雇用で低賃金で働いている人は「いつか高収
入を得るために努力をしなければいけない」とは考えて
も，**現状のシステム自体がまちがっている**とはあ
まり考えない傾向があるんです。

なるほど。

経済格差だけではありません。
たとえば子供が生まれて退職せざるを得なくなっても「女
性はそういうもの」と，男女ともにワンオペ育児（パート
ナーや家族が子育てへ参加しないために一人で子育てを
行う状況のこと）に甘んじてしまいがちなのも，システム
正当化によるといえます。

たしかに……。
そうならないよう，社会が変化していけばいいはずです
よね。

その通りです。また歴史の中でも，**奴隷制度やアパルトヘイト**のような政策を，差別されていた側が受け入れてきたことで，不平等なシステムが長期間にわたって維持されてきたと考えられます。

こうやっていくつも例をあげられると，この問題の重大さがよくわかります。
なぜ不遇な状態にあっても，人は社会やシステムが悪いのではなく，自分に原因があると考えてしまうんでしょうか？

それは，人が序列や役割といった現在のシステムが存在していること自体を安心だとみなすという現状維持の動機があるためではないかと考えられています。

どういうことですか？

現状のシステムがあることで，問題ある社会に生きている，あるいは低地位者であるという認識から生じるネガティブな感情を減じ，心理的安寧を得ることができるため，現在のシステムを受け入れやすい可能性があるのです。

そうなんだ……。
たしかに，問題のない安定した社会に生きていると考えたほうが私たちは安心できそうですね。

ええ。
ただし，システム正当化理論によると，たとえ不公平な
システムでも受け入れてしまう傾向があるのです。

ポイント！

システム正当化理論

格差や差別などがあっても，現状の社会システ
ムを維持・正当化しようとする傾向がある。
地位の高い人だけでなく，地位の低い人にも
見られる。

他人の失敗は実力のせい？

突然ですが，仕事や待ち合わせに遅刻した経験はありま
すか？

ありますよ！

ちゃんと間に合うように出たのに，**電車遅延**で遅れて
しまったこと，何回もあります。
昔は田舎に住んでいたので，電車が**シカ**とぶつかって，
待ち合わせに数時間遅れたことだってあります。

ははは。公共交通機関の遅延による遅刻は，誰にでも経験がありますよね。
でも，これが**自分以外の人**だったらどうでしょう？

と，いうと？

たとえば朝の通勤時に電車が遅延して，あなたは会社の大事な会議に**遅刻**したとします。この場合，遅刻の原因は電車遅延にあると考えるでしょう。
しかし，遅刻したのが自分ではなく，**会社の同僚**であればどうですか？
「だらしない人だな」とか「もう少し早く家を出るべきだ」といった考えが浮かびませんか。

たしかに！

先日，同僚が電車の遅延でとても大事な会議に遅れたときは，「おいおい何やってんだよ！」「ちゃんと余裕をもって出発しろよ！」と思ってしまいました。
自分が電車の遅延で遅刻するときは，電車のせいで自分は悪くないと思うんですけどね。

そうでしょう。
人は，**自分**の行動の原因を考えるときには，状況や環境などの**外的要因**を考慮します。
しかし一方で，**他者**の行動の原因を考えるときには性格や努力などの**内的要因**を重視しやすい傾向があるんですよ。

そうなんですね！

ええ。この傾向は，自分が行為者である場合と，自分が観察者として他者の行動を見る場合とで原因のとらえ方がことなることから，行為者－観察者バイアスとよばれています。

1972年，社会心理学者のリチャード・ニスベットらによって提唱されました。

なぜこのようなバイアスが生じるのでしょうか？

行為者－観察者バイアスには，さまざまな原因が考えられます。一つは行為者と観察者がもっている情報量のちがいにあります。**自分が遅刻した本人である場合には，遅刻に至った経緯や状況をこまかく把握しています。**

一方，自分が観察者である場合には，他者が遅刻に至った経緯や状況に関する情報をあまりもっていません。**そのため，行為者本人の性格や能力といった，一部の情報を優先して判断してしまうと考えられます。**

なるほど。

このようなバイアスは，限られた情報の中で，迅速に判断をするうえで，避けることがむずかしいといえるでしょう。

でも，今回のようなケースでは，行為者が自分であっても他者であっても，内的要因と外的要因の両方に注目できることが望ましいですね。

たとえば会社の同僚が遅刻した場合には,「だらしない人だ」と決めつけるのではなく,遅刻に至った状況にも注目する必要があります。

状況をよく知らなかったら,どうしても本人に原因がありそうに思ってしまいますもんね。

その通りです。
逆に自分が遅刻した場合には,それを「電車の遅延」といった状況のせいばかりにせず,自分の気質や努力にも目を向ける必要があります。

はい! 気をつけます。

人は無意識に自分を正当化する

つづいて，認知的不協和についてお話しましょう。

にんちてきふきょうわ？
今度はどのようなバイアスなんでしょうか？

認知的不協和自体はバイアスではありません。でもこの認知的不協和を解消しようとするときに，考えや認知のゆがみが発生することがあるんです。

たとえばダイエット中だから甘い物をがまんしないといけない，でもやっぱり食べたい……。このように**矛盾する考えが自分の中に存在すると，私たちは不快感や緊張感を覚えます。**

うぅ，わかります！
食べたいけど食べちゃだめ，飲みたいけど飲んじゃだめ，この葛藤，ほんとうに苦しいですよね。

ええ。この状態を，アメリカの社会心理学者，レオン・フェスティンガー（1919 〜 1989）は**認知的不協和**とよびました。

1959年に報告された興味深い実験を紹介しましょう。認知的不協和の存在と，それを解消しようとする心のはたらきを明らかにしたフェスティンガーの実験です。

どんな実験でしょうか？

実験参加者はまず，**退屈な作業**を延々とやらされます。その後，**1ドル**または**20ドル**の報酬をもらって，次の参加者（サクラ）に**作業が面白かった**と伝えるように求められます。

そして次の参加者に作業が面白かったと伝えたあとに，参加者には実際の**作業の面白さ**を評価してもらいました。

退屈な作業だったんだから，みんな退屈だったと答えるんじゃないんですか？

あ，報酬が高いと，多少作業がマシに思えるんですかね？

いいえ，なんと参加者の評価はその逆だったんです。**報酬額が20ドルと高かった人たちよりも，報酬額が1ドルと低かった人たちの方が「あの作業は面白かった」と評価する傾向があったのです。**

えぇーっ！
いったいなぜですか!?

この実験では，ほんとうは退屈だったのに面白かったと伝える必要があるわけですから，参加者には認知的不協和，つまり実際にはつまらない作業をしているという認知と，矛盾する楽しさを伝えるという認知との間に不協和（不快感）が生じます。

それを解消しようにも，次の参加者に「面白い」と伝えてしまっており，その事実は変えられません。

実際の作業のつまらなさと，面白いと伝えた行為との間に矛盾を抱えてしまったんですね。

 そうなんです。
こういう状況では，参加者はあの作業は，実は面白かったんだと自分の考えのほうを変えてしまいます。
つまり，自分の認知を修正することで，認知的不協和を解消しようとしたのです。

 なるほど。
自分の考えを変えてしまうんですね……。
でも，なぜ報酬が低い人の方が，面白い作業だったと評価することが多いんでしょうか？
20ドルの高い報酬をもらった人たちは認知的不協和を解消するために，あとから考えを変えなくてよいのですか？

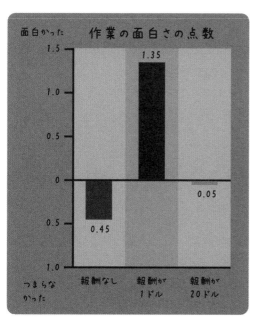

実験終了後，作業の面白さを点数化してもらった結果の平均値です（プラスは面白い，マイナスはつまらない）。なお，実験では，報酬をもらわず，次の参加者に面白いと伝えるように頼まれなかった条件もありました。この場合，作業はつまらなかったと正直に評価しました。

報酬額が低かった参加者では，割に合わない報酬に対して「本当は面白かったのかもしれない」と，認知に修正を加えて不協和を解消しようとする心理が強く働いたと考えられます。

一方，報酬額が20ドルと高かった人たちは，高い報酬をもらったことで，自分の行為の理由づけができたため，認知的不協和があまり生じなかったからだと考えられています。

ふぅむ。
自分の中で，報酬のために面白いと伝えたと納得ができたからこそ，正直に答えられたんですね。

そうですね。
認知的不協和は，さまざまな場面で生じ得ます。
たとえば不当に低賃金で労働環境がきびしい，いわゆるブラックな職場で仕事にやりがいを見いだそうとしてしまうのは，フェスティンガーの実験と同様のことがおきているからかもしれません。

ポイント！

認知的不協和

　自分の考えと行動とに矛盾（認知的不協和）が生じると，自分の考えをあとから変更することで，それを解消しようとしてしまう。

慣習や知識が「ちがう使い方」を見えなくする

いきなりですが，問題です。
下の図では，机の上にロウソクと箱に入った画鋲，そしてマッチが置かれています。
これらを使ってロウソクを壁にとりつけてください。

ロウソクを壁にとりつける!?
うーん，画鋲でロウソクを壁にとめることはできなさそうですし……。

だめだ，わかりません！

ふふ，もう少しちゃんと考えてくださいよ。

え〜，考えましたよ。**不可能だと思います。**

これは 1945 年に発表された，ドイツの心理学者，カール・ドゥンカー（1903 〜 1940）が行った実験です。
実験の参加者たちは，ロウソクに画鋲をさして壁に固定しようとしたり，マッチの火でロウソクの側面をとかして壁に接着しようとしたりしましたが，どれもうまくいきません。

ほっ……。
やっぱり，ほかの人にもできなかったんですね。
用意された道具だけで壁にロウソクをとりつけるなんて，できっこありません。

いいえ，ちゃんととりつけることができるんですよ。
正解は，箱を画鋲で壁に固定して，その中にロウソクを置くです。
箱をロウソク台として使えばいいのですが，箱は「モノを入れるもの」という思いこみがあるため，なかなかその発想にはいたらないようですね。

あぁー，箱を使うのか！
まったく思いいたりませんでした。

では，もし次のページの図のように，**画鋲が箱から出して あったらどうでしょうか。**

箱に対する先入観をもたずに課題にとりくめるので，より 正解にたどりつくチャンスがあるはずです。

 たしかにこれだったら，箱をロウソクを壁にとりつける
ための道具だと認識できて，正解できそうな気がします。

 このように，そのモノに対する慣習や知識が問題解決の
じゃまになることを機能的固着といいます。
この問題では，箱は画鋲の入れ物だという固定概念が答
えに到達するさまたげになったというわけです。

2

時間目

思わぬ危機をまねく
思いこみや先入観

STEP 1

悪い状況なのに
変えたくない心理

災害などに直面したとき，なぜか「まだ大丈夫」と思いこんでしまうことがあります。人は，現状を変えることに抵抗をおぼえやすいようです。そのようなバイアスにせまってみましょう。

「まだそれほど危険じゃない」には要注意！

2時間目は，思いこみや先入観にまつわるバイアスについてお話しをしたいと思います。
まず紹介するのは，正常性バイアスです。

1時間目の冒頭でも，少しだけお話がありましたね。

ええ。
人は，自分にとって何らかの被害が予想されるような危険がせまっていても，ある範囲内であれば，それを正常な日常生活の延長上の出来事として捉えてしまい，都合の悪い情報を無視したり，「これくらいなら大丈夫だ」と過小評価して，いつもどおりの行動をつづけようとする傾向があります。
これが正常性バイアスです。

危機がせまっていても，いつも通りの行動をつづけてしまうんですね。

何だかあぶない感じがします。

そうですね。
1時間目でも少し触れましたが，正常性バイアスは，自然災害などの際に 被害を拡大 させる要因の一つであると考えられています。

実際に正常性バイアスが被害を拡大させた例はあるんでしょうか？

はい。
2018年6月28日から7月8日，西日本を中心に 平成30年7月豪雨 がおきました。
台風7号にともなう梅雨前線の停滞によって記録的な豪雨となり，浸水・土砂災害などの 甚大な被害 をもたらし，270名を超える死者・行方不明者が出ました。

この災害のときに正常性バイアスが影響したんですか？

そうなんです。
このときの避難状況に関して，岡山県倉敷市真備町の被災者にアンケート調査を行いました。
すると回答者100名のうち，みずから避難した人は58名，みずから避難せず第三者に救助された人は42名でした。
倉敷市が住民に配布していたハザードマップは，この豪雨の浸水域とほぼ合致していたにもかかわらずです。

えっ!?
半分くらいの人しか避難していなかったんだ。

避難しなかった人の理由として多かった回答は,「これまで災害を経験したことはなかったから」が約32％,「2階に逃げれば大丈夫だと思ったから」が約26％,「外の方が危険だと思ったから」が約26％と, 意図的に避難しなかったという回答が大部分を占めていました。

う〜ん, そうなんですか……。

一つ目の回答に関しては,**「これまで災害を経験したことがないから, 今回もまだ避難するほどではないだろう」と思ってしまったのだと考えられます。**
なお同地域は, ハザードマップで5メートル以上の浸水が想定されていました。そのため「2階に逃げれば大丈夫」,「外の方が危険」という判断は, 被害リスクを過小評価してしまったといえます。

5メートル以上の浸水なら, 2階に避難したくらいじゃ,とても助かりませんよね……。

はい。
一方で, 避難できなかったという回答はあまり多くありませんでした。
「パニックになりどうすればよいかわからなかったから」という人は約2％, 車をもっていない, あるいは病気などの理由によって避難できなかったという人は合わせて10％以下でした。

つまり，多くの人は避難できなかったのではなく，避難しなかったのです。

被災者100人中，みずから避難した人と
避難せず救助された人の割合

避難せず
救助された：
42人

みずから
避難した：
58人

避難しなかった人の理由

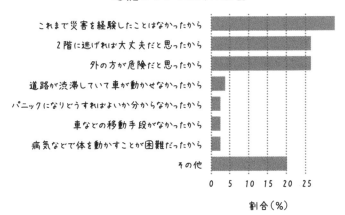

これまで災害を経験したことはなかったから

2階に逃げれば大丈夫だと思ったから

外の方が危険だと思ったから

道路が渋滞していて車が動かせなかったから

パニックになりどうすればよいか分からなかったから

車などの移動手段がなかったから

病気などで体を動かすことが困難だったから

その他

0　5　10　15　20　25

割合（％）

これは正常性バイアスがはたらいた結果だといえるでしょう。

多くの人が，避難しなくてもまだ大丈夫だと考えてしまったんですね。

ええ。
脅かすわけではないのですが，もう一つ，正常性バイアスが引きおこした悲劇を紹介しましょう。
2003年2月18日，韓国・大邱市の地下鉄において**放火事件**が発生し，死者192名，負傷者148名という大惨事になりました。

つらいです……。

しかしこの事件では，**煙のたちこめる車内でイスに座っている乗客が10名程度いたことがわかっています。**

えっ!?
煙がたちこめているのに，ですか!?

はい。
これは**正常性バイアスによって危険を正しく認識することができず，避難することができなかった可能性が考えられています。**

ふぅーむ。ここまで話をきくと，正常性バイアスってかなり厄介なものだという気がするんですけど。

命を危険にさらす可能性があるのに，なぜ正常性バイアスなんてものが私たちにそなわっているんでしょうか？

人は日常ではめったにおきないような想定外の状況におちいると，不安になり，心にとても大きなストレスがかかります。

このとき，「自分は大丈夫だ」と信じることで，ストレスを減らそうとする基本的な心の防衛反応だと考えられています。これは楽観性バイアスの一つだと考えられます。

楽観性バイアスとは，自分のもつ能力以上にパフォーマンスを出せるという一種の錯覚です。楽観性バイアスの一つである正常性バイアスによって，危険な状況でも「まだ逃げるほどではない」と考えることで，大きな不安やストレスを減らしている可能性があります。

つまり，正常性バイアスは自分の心を守るための重要な機能の一つなのです。

ささいなことで不安になったり，大きなパニックにおちいったりしないようにする重要なしくみ，ということですね。

はい，その通りです。

しかし一方で，**災害時などに危険を回避するために適切な行動がとれないと，命を失うことにもつながります。**

正常性バイアスがはたらく可能性を認識しておき，避難勧告などが出されたときには，けっして軽視せず，すみやかに避難しましょう。

また，避難勧告が出されたときの行動指針や避難ルートを事前に確認し，いざというときに何をすべきかを明確に手順化しておくことも重要です。

 はい！

 「これくらいなら大丈夫」「まだそれほど危険じゃない」。そう思いこんでいないか，しっかりと判断することがとても重要です。

ポイント！

正常性バイアス

　自分にとって何らかの被害が予想されるような危険がせまっていても，ある範囲内であれば，それを正常な日常生活の延長上の出来事としてとらえてしまい，都合の悪い情報を無視したり，「このくらいなら大丈夫」などと過小評価してしまう傾向のこと。

損切りできない「サンクコスト効果」

 つづいては，サンクコスト効果についてご説明します。

 # さんくこすと？
聞いたことないですね……。

 あまり耳慣れない言葉かもしれませんね。
有名な例を紹介します。1960年代にフランスなどで開発されたコンコルドという超音速旅客機が，1975年に定期国際線に就航しました。
しかし定員が少ない，燃費が悪いなどの問題があり，就航前から採算がとれないことは明らかでした。

 計画段階で問題があったにもかかわらず，就航してしまったんですね。

 そうなんです。一度動きだした計画を止めることができず，どんどん赤字に追いこまれていきました。
そして結局，コンコルドは2003年に運航停止になりました。

 就航前から問題がわかっていたのに，なぜ止めることができなかったんでしょうか？

 それは，すでに費したコスト（費用や時間，労力）が無駄になることを，人は受け入れづらいからです。

そうして，さらなるコストの投入がやめられなくなるのです。
このような現象を**サンクコスト効果**といいます。

それまでにかけたお金がもったいなくて，失敗することがわかっていても止められなくなるんですね。

ちなみに，サンク（sunk）は英語で「埋没した」という意味です。サンクコストは，直訳すると「埋没費用」になります。
本来，過去についやしたコスト（サンクコスト）はとりもどせないので，そのことは忘れて将来の損得だけを考えるのが合理的です。
しかし，人は過去についやしたコストをもったいなく感じ，その分をとりかえそうとする傾向があるのです。

めちゃめちゃわかります！
何事においても，どうしてもがんばったぶんだけ元をとりたくなってしまうんですよね。

ははは，気持ちはわかりますよ。コンコルドの失敗がサンクコスト効果の代表例であることから，**コンコルド効果**とよばれることもあります。**「こんなに投資したのに，もったいない」から抜けだせなくなり，コンコルドの開発は「埋没費用」の象徴となってしまったんです。**
サンクコスト効果は，株やギャンブルをやめられなくなる原因の一つともいわれていますね。

ギャンブルがやめられなくなる!?
たしかに，ギャンブルで大きく負けると，「せめて負けた
分をとりもどさないと帰れない！」って思うことよくある
気がします。
これもバイアスのせいだったんですね……。

そうですね。
同じような例ですが，もっている株の価値が下がったと
きは，損失を確定させて早めに売る，つまり損切りをす
ることがリスク軽減に有効です。**しかしわかっていても，
「もう少し待てば上がるかも」などと保有しつづけてしま
う人が多いのです。**

ふむふむ。

損切りできないのは損失先送りとよばれていますが，こ
れもサンクコスト効果と同じく損失回避から生じている
と考えられています。損失回避は，あとで説明するプロ
スペクト理論の中で出てきます。

> ### ポイント！
>
> ## サンクコスト効果
> 　すでについやしたコスト（費用や時間，労力）
> が無駄になることを受け入れられずに，さらな
> るコストの投入がやめられなくなる効果。

失敗を恐れ挑戦を避ける「現状維持バイアス」

 突然ですが，これまで自分の人生において**挑戦**と**現状維持**，どちらの選択が多かったと思いますか？

 えっ！ なかなか壮大な質問ですね……。
う〜ん，今の状況でいうと，新卒で入った会社に給与や残業時間の多さの面で不満をもちつづけていますが，仕事を変えるのがこわくて，ずっと同じ会社にいます。
なので，どちらかというと**現状維持派**ですかね。

 なるほど。実はそのような判断にもバイアスが影響しているんです。
人は，新しく挑戦することが合理的な状況であっても，失敗を恐れて現状維持を選択する傾向があるんです。これを**現状維持バイアス**といいます。

 私だけじゃないんですね！

 はい。これは**人は何かを得ることへの期待よりも，失うことへの恐怖が大きいためだと考えられています。**これは**損失回避**とよばれています。
このバイアスを説明する理論に，アメリカの心理学者のダニエル・カーネマンとエイモス・トベルスキー（1937〜1996）が1979年に発表した**プロスペクト理論**があります。

ぷ……，ぷろすぺくと理論？

ええ。
この理論によれば，損失をこうむることによる心理的インパクトは，なんと同程度の利益を得る場合の1.5 〜 2.5倍になるそうです。

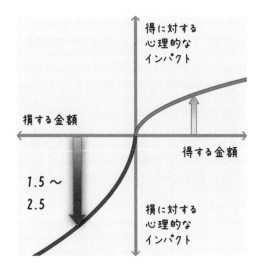

損は得より重く感じる

カーネマンとトベルスキーは，1979年に共同で「プロスペクト理論」を発表しました。同じ程度の利益（赤い矢印）と損失（グレーの矢印）では，損失のほうが約1.5 〜 2.5倍大きく受け止められると考えられています。

人は利益よりも，損失の方を，重く受け止めてしまうんですね……。
そんなことどうやって明らかになったんでしょうか？

プロスペクト理論は，次のような実験にもとづいています。
まず，参加者に二つの状況（次のページの状況①と状況②）のどちらか一方を想像してもらいます。

ふむ。

まず，状況①では，はじめに1万円をもらいます。
そのあと，さらに5000円をもらう（次のページのa）か，50％の確率で1万円をもらえる賭けにいどむ（b）かを選びます。
一方，状況②では，はじめに2万円をもらいます。そのあと5000円を返す（a）か，50％の確率で1万円を返す賭けにいどむ（b）かを選びます。
さぁ，まず，状況①のとき，あなたはどちらを選びますか？

状況①だったら……，100％の5000円をもらえる方を選びます！　（b）を選んで，もし当たらなかったら悲しいですもの。

では，状況②だったら？

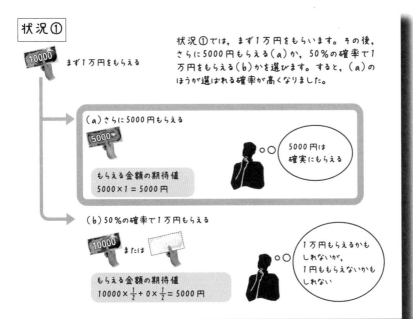

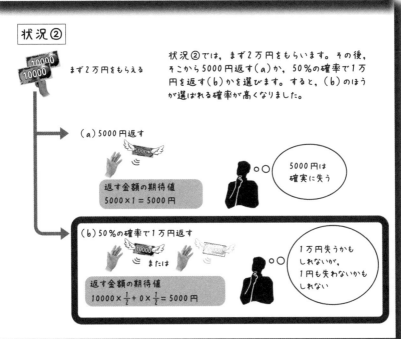

状況①

まず1万円をもらえる

状況①では、まず1万円をもらいます。その後、さらに5000円もらえる（a）か、50％の確率で1万円をもらえる（b）かを選びます。すると、（a）のほうが選ばれる確率が高くなりました。

（a）さらに5000円もらえる

もらえる金額の期待値
5000×1 = 5000円

5000円は確実にもらえる

（b）50％の確率で1万円もらえる

または

もらえる金額の期待値
$10000 × \frac{1}{2} + 0 × \frac{1}{2} = 5000$円

1万円もらえるかもしれないが、1円ももらえないかもしれない

状況②

まず2万円をもらえる

状況②では、まず2万円をもらいます。そこから5000円返す（a）か、50％の確率で1万円を返す（b）かを選びます。すると、（b）のほうが選ばれる確率が高くなりました。

（a）5000円返す

返す金額の期待値
5000×1 = 5000円

5000円は確実に失う

（b）50％の確率で1万円返す

または

返す金額の期待値
$10000 × \frac{1}{2} + 0 × \frac{1}{2} = 5000$円

1万円失うかもしれないが、1円も失わないかもしれない

うーん，問答無用でお金を返すのは嫌ですね。
（b）なら，お金を返さなくてもよいかもしれないので，こちらにします。

ふふふ，予想通りです。
実は，この実験の結果，**状況①では，5000円をもらう（a）を選ぶ人が多く，状況②では1万円を返す賭けにいどむ（b）を選ぶ人が多いのです。**

えっ！ 私と同じ！
人によって判断はまったくことなりそうなのに，なぜ，そのような傾向があるのでしょうか？

実は状況①と状況②では，（a）と（b）それぞれで最終的にもらえる金額の期待値は同じです。

あっ，そうか。
どちらの状況でも（a）なら100％の確率で1万5000円をもらえて，（b）なら50％の確率で2万円か1万円かってことですね。
では，金額の期待値は同じなのに，なぜ状況①と状況②で回答がことなったのでしょうか？

状況①では（a）が，状況②では（b）が選ばれやすかったのは，**それぞれの状況で，「損をした（あるいは得が少なくなった）」と感じる選択肢が回避されたためと考えられます。**

どういうことですか？

状況①では，もらえるはずのお金をもらえなくなる可能性を考えてしまうため，賭けに出る人が少なくなったと考えられます。
一方，状況②では，5000円を返すと損するように感じるため，賭けに出る人が多くなったと考えられます。

なるほど！
「損を避けたい」という気持ちって，思った以上に強いんですね。

そうですね。
人生には，挑戦するか，現状にとどまるかを選択する場面が数多くあります。未来は複雑で，不確実であるため，現状の安定した状態を「損失」するリスクを避け，現状にとどまるほうが合理的だと感じる場合もあると思います。それが現状維持バイアスです。
一方，**挑戦するほうがメリットがありそうでも，現状維持バイアスによって挑戦できず，結果として損をしてしまう場合もあります。**
迷ったときには，何を最優先にすべきか，冷静になって整理してみるとよいでしょう。

これから意識していきます！

現状維持バイアス

　人は，新しく挑戦することが合理的な状況であっても，失敗を恐れて現状維持を選択する傾向がある。

聞き方次第で答えが変わる「フレーミング効果」

プロスペクト理論と関連した心理学的な効果を一つ紹介しましょう。フレーミング効果です。

ふれーみんぐ？

フレーミング効果は，同じ質問でも聞き方によって選ばれる答えが変わるという効果です。
ここでは，アメリカの心理学者エイモス・トベルスキーらが行い，1981年に発表した実験について紹介します。実験の内容は，流行が予想される病気への対策として二つのプログラムが計画されており，どちらを選ぶかを答えてもらうというものでした。

【質問】
　ある病気の流行が予想されており，600人が
死亡する見通しとなっています。その対策とし
二種類のプログラムが考えられました。
あなたはどちらのプログラムに賛成ですか？

ふむふむ。

質問のしかたは2パターン（フレーム）用意されました。
それが次のページのイラストです。
一つは「命が助かる」という表現をもちいたポジティブ・
フレーム，もう一つは「死亡する」という表現をもちいた
ネガティブ・フレームです。
参加者は半々に分けられて，どちらかのフレームの質問
を受けました。
あなただったら，まずポジティブ・フレームの場合，A
とBどちらを選びますか？

うーん……，確実に200人が助かるAかな。

じゃあ，ネガティブ・フレームの方は？

必ず400人も死亡するのはつらいので，Dを選びます。

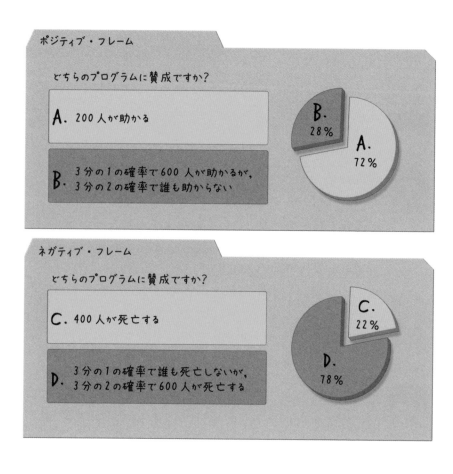

ポジティブ・フレーム

どちらのプログラムに賛成ですか?

A. 200人が助かる

B. 3分の1の確率で600人が助かるが，3分の2の確率で誰も助からない

B. 28%

A. 72%

ネガティブ・フレーム

どちらのプログラムに賛成ですか?

C. 400人が死亡する

D. 3分の1の確率で誰も死亡しないが，3分の2の確率で600人が死亡する

C. 22%

D. 78%

はい，予想どおりです。

ここで，よく考えてください。ポジティブ・フレームとネガティブ・フレームのそれぞれのプログラムは**表現がちがうだけで結論は同じです。**

あっ，たしかに。いわれてみれば，そうだ。

でも，あなたと同じように，実験参加者の選択は二つのフレーム間で大きくことなりました。

ポジティブ・フレームでは，200人が助かると表現されたプログラムAを選んだ人が**72%**なのに対し，ネガティブ・フレームではAと同じ内容のCを選んだ人は**22%**しかいなかったのです。

かなり差が開きましたね……。

はい。この理由を，トベルスキーらは**プロスペクト理論**によって説明しています。

人間には損失をさけようとする傾向，つまり先ほども出てきた損失回避の傾向があります。

プログラムAとCは，実はまったく同じ内容ですが，Cは損失，つまり死者を強調した表現だったため，許容しづらかったのではないかと考えられています。

なるほど。**「命が助かる」か「死亡する」か，聞き方次第で答えが変わる**んですね。私も200人が「助かる」ほうに賛成したくなりましたもん。

たとえ同じ内容でも，ネガティブな表現は敬遠される傾向にあるということ，覚えておいてください。

ポイント！

フレーミング効果
　　同じ質問でも，選択肢が肯定的または否定的な意味合いで提示されているかによって，選ばれる答えが変わることがある。

想像以上に変化しやすい私たちの記憶

記憶は私たちが思っている以上に，変わりやすいもののようです。鮮明な記憶であっても，後からつじつまを合わせたものや，誰かの言葉に誘導されてつくられたものである可能性があります。

「後出し」で記憶を修正する

ここからは，私たちの記憶にまつわるバイアスについてお話しします。
私たちの記憶というのは，思っている以上に変わりやすいものなのです。

記憶が変わる？

たとえば何らかの物事がおきたあとで，そのことを事前に予測していたかのように錯覚することがあります。
これを後知恵バイアスといいます。

後知恵？　具体的にはどういうことなんでしょうか？

たとえば，2022年のサッカーW杯カタール大会において，日本代表は強豪ドイツ代表やスペイン代表と同じ予選グループに入りながら，彼らを相手に歴史的な勝利をあげてグループステージを突破しました。

多くの人は，この結果を予測していなかったことでしょう。

はい！　予想していなかった大勝利で，興奮しましたね！

しかし，皆さんの身近に「最初から日本が突破すると思っていた」などと語る人はいませんでしたか？
そういう人は，後知恵バイアスにおちいって**後出し**で記憶を修正した可能性があります。

そういえば，会社の隣の席の先輩が，自分は大会前から日本がドイツとスペインに勝つと予想していたって自慢していました。

それは後知恵バイアスかもしれません。
後知恵バイアスを検証した有名な研究の例を一つ紹介しましょう。
1972年，アメリカの**ニクソン大統領**が**中国**を訪れ，**毛沢東主席**との会談などを行ったことが大きなニュースとなりました。当時，東西冷戦を背景に，アメリカと中国は対立関係にありました。

今からおよそ50年前のことですね。

心理学者のバルーク・フィッシュホフとラッシュ・ベイスは，ニクソン大統領が訪中する前に，イスラエルのヘブライ大学で心理学を専攻する学生などを対象に，アンケート調査を行いました。

「ニクソン大統領は少なくとも1回は毛沢東主席に会う」や「ニクソン大統領は中国訪問が成功だったと発言する」など，ニクソン大統領の外交に関して今後おきうることを15項目あげ，それぞれについて おきる確率 を予測してもらうというものでした。

ふむふむ。

ニクソン大統領の訪中後，フィッシュホフはふたたび同じ学生を集めて，「自分は前回，15項目の確率をどのように予測したか」を思いだして記入するように指示しました。
その結果，**調査に参加した学生の60%以上が，実際におきたことの確率は事前の予測よりも高く，おきなかったことの確率は事前の予測よりも低く答えたのです。**

えっ!?　そうなんですか!?

つまり，学生は結果（事実）に合わせて，事前に予測した確率の記憶を後出しで修正したということです。

なぜそんなことがおきるんですか？

訪中前

ニクソン大統領と毛沢東主席の
会談がおきる確率はどれぐらいか？

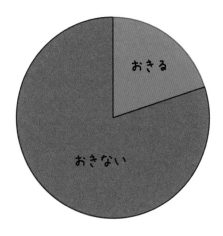

訪中後

会談がおきる確率をどれぐらいだと
見積もっていたか？

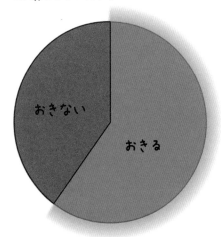

後知恵バイアスがはたらく原因の一つは，以前考えたことを思いだそうとするときに，現在の知識や情報が影響してしまうためだと考えられています。

ただし，後知恵バイアスは必ずしも記憶のゆがみだけで説明できるわけではなく，後知恵バイアスをもたらす原因はほかにもあります。

ふむふむ。

ニクソン大統領の実験でいえば，訪中前のことを訪中後に思いだそうとしても，**訪中後に得た知識（会談の成功など）を完全に切りはなして考えることはできません。**

そのため，思いだした内容が現在の知識にひっぱられ，結果的に後出しをしたようになってしまうのです。つまり，人は現在の知識（情報）と一致する記憶を活性化し，一方で矛盾する記憶を非活性化したままにする傾向が強いというわけです。

なるほど。

記憶を思い出すときには，現在の知識も影響するわけですね。

たしかにその方が記憶を思い出しやすそうな気がしますね。

そうですね。

でも，事実に合わせて予測がころころ変わると，周囲の人の信頼を失うことにつながります。

物事を予測するからには，その根拠が必要です。

「自分は最初から知っていた」と思うときには，そう思う根拠を明確に答えられるかを自問自答したほうがよいかもしれませんね。

気をつけます！

ポイント！

後知恵バイアス
　何かがおこった後に「はじめからわかっていた」
　と思ってしまうこと。

記憶は言葉一つで，簡単に変わってしまう

さて，私たちの記憶が実はいかに不確かなものかがわかる，もう一つの例を紹介しましょう。

まだあるんですか。

まだまだありますよ。
たとえば推理小説や刑事ドラマでは，基本的に事件の目撃者の証言が正しいことを前提にストーリーが進みますよね。しかし実際の私たちの記憶は，**非常にあいまい**なんです。
アメリカの認知心理学者，エリザベス・ロフタスは，人間の記憶は，あとから入ってきた情報によって変化するものであることを実験で示し，これを**事後情報効果**とよびました。

どういう実験だったんですか？

交通事故の映像を見せてから，1週間後に事故の内容を思い出してもらうという1974年に行われた実験です。
実験では，**質問の仕方**によって，参加者たちが思いだした事故の内容（記憶）が変わったのです。

具体的にはどういうことでしょうか？

ロフタスは，参加者に交通事故の映像を見せ，そのあとすぐに車の速度に関する質問をしました。

このとき，「どれくらいの速度でぶつかったと思いますか？」と質問されるグループと，「どれくらいの速度で激突したと思いますか？」と質問されるグループに分けました。最初に見た映像はどのグループも同じものです。

実験参加者に見せた
交通事故の映像のイメージ
（フロントガラスは割れていない）

「ぶつかった」と「激突した」で表現を変えたんですね。
「激突した」のほうが，はげしい印象ですね。

そうなんです。実際に,「ぶつかった」と表現したグループの回答の平均は時速約54.7キロメートル,「衝突した」と表現したグループの回答の平均は時速65.9キロメートルと,後者の方がより大きな速度を答えました。

さらに1週間後,同じ参加者に,車のフロントガラスが割れていたかを質問しました（実際は割れていません）。**するとなんと,「激突した」と強い表現で質問されたグループのほうが,ガラスが割れていたと回答した人が2倍以上も多かったのです。**

2倍以上もちがったんですか!?
面白いですね。

そうでしょう。

ちなみに,「どれくらいの速度でぶつかったと思いますか？」と質問されたグループは**14%**の人が車のフロントガラスが割れていたと答えたのに対し,「どれくらいの速度で激突したと思いますか？」と強い表現で質問されたグループは,**32%**の人が車のフロントガラスが割れていたと答えたそうです。

ほぇ～。
質問の表現で記憶が変わってしまうんですね。

そうなんです。

「どれくらいの速度でぶつかったと思いますか？」と
質問されたグループは14%の人が車のフロントガラ
スが割れていたと答えました。
一方，「どれくらいの速度で激突したと思います
か？」と強い表現で質問されたグループは，32%の
人が車のフロントガラスが割れていたと答えました。

思い出した交通事故の映像
（フロントガラスは割れていない）

思い出した交通事故の映像
（フロントガラスが割れている）

この実験で見られたように，事後にあたえられた情報によって，実際とはちがう方向に記憶が誘導される効果を**誤導情報効果**といい，事後情報効果の一つです。
事後情報効果は，犯罪捜査の場面などで，できるだけ影響が出ないように配慮がされています。

犯罪捜査で？　どういうことでしょうか？

たとえば，車のひき逃げ事件で目撃者に「逃げた車は**赤色**でしたか？」と質問してしまうと，頭の中に赤い車が浮かび，それにつられて記憶が変わってしまう可能性があります。
そこで実際の捜査では，「逃げた車は**何色**でしたか？」のように，できるだけ記憶に影響しないように質問が工夫されているんです。

なるほど！

質問者のちょっとした聞き方のちがいで目撃証言が変わってしまっては，事件や事故の捜査に影響が出てしまいますからね。

事後情報効果がおきないように注意しなければいけないんですね。

ええ。
ニュースなどで，「逃げた車は赤色だったようです」と見聞きすると，事後情報効果によって**記憶が変わる**可能性があります。

事件発生から時間が経つと捜査がむずかしくなるのは，記憶が薄れるだけでなく，このような事後情報効果の影響が出てくるからだといわれています。

そうなんだ……。
事件や事故がおきたときは，いち早く解決に向けて動き出すことがたいせつなんですね。

ポイント！

事後情報効果
　後から入ってきた情報によって，記憶が書きかわってしまう効果。

後からつくられる「過誤記憶」の恐ろしさ

2010年に公開されたアメリカの映画『インセプション』はご覧になりましたか？

はい，観ましたよ！
主人公たちが相手の夢の中に侵入し，相手に**にせの記憶**を埋めこむSFアクション映画ですよね。

おっ！　くわしいですね。

映画，好きなんです！
『インセプション』，設定を理解するのにちょっと苦労しましたが，面白い映画ですよね。

そうですね。この映画のように，経験したことのない出来事の記憶をつくることは，現実でできると思いますか？

いや～，できないでしょう！
実際に，にせの記憶がつくれたら，こわいですよ。

そう思いますよね。でも，実はできるんです。
先ほどお話しした事後情報効果を検証したロフタスは，にせの記憶がつくられることがあることを，実験によって明らかにしました。
なんと，**ほかの人から架空のストーリーをあたえられると，実際に経験した出来事ではなくても，新しいストーリーを自分の中でつくり上げてしまい，「にせの記憶」ができあがる場合があったのです。**
このような記憶は過誤記憶とよばれます。

そんなウソでしょ !?
いったいどうやったら過誤記憶がつくられるんですか？

次のような例があります。
ロフタスは大学の心理学の授業で，「実際にはなかった出来事を記憶としてつくらせる」という課題を出しました。
そこである学生は **14歳の弟** に，子供のころにおきた出来事を文章で示したんです。

しかし，そこに書かれていた四つの出来事のうち，一つは実際にはない出来事でした。それは，子供のころショッピングモールで迷子になったという架空の出来事です。なお，残りの三つは、家族から聞いた実際の出来事でした。

 ふむふむ。

 その後，この出来事について思いだしたことを毎日，日記に書くように求めました。**すると弟は次第に，実際にはなかった出来事について鮮明に思いだすようになったんです。**

 偽りの記憶がつくられていった，ということでしょうか。

 はい。ロフタスは1995年に，同様の実験を18〜53歳の実験参加者24人に対して行いました。
そしてその結果，**24人中6人が架空の出来事を「ほんとうにあった」こととして答えました。**

 そうなんだ……。

 まるで実際に経験したかのように，細かい部分まで話したといいます。しかも**時間が経っても，その架空の出来事の記憶が薄れることはほとんどありませんでした。**

 それって，人の記憶をつくりかえられる，ということですよね。すごく怖いです。

はい，恐ろしいことだと思います。

過誤記憶がつくられることを確かめる実験は，1990年代によく行われました。

問題は実験後に参加者に「それはほんとうの出来事ではない」と"種明かし"をしても，ほんとうの記憶だと信じつづける人たちがいたことです。

自分の記憶がほんとうのものかどうかわからなくなると，混乱して，ものすごい不安におそわれそうです。

ええ。

過誤記憶が定着してしまうことは倫理的に問題があり，このような実験は現在は行われていません。

ただ，実験自体は行われていませんが，現実ではこの過誤記憶というバイアスが，刑事事件の取り調べなどに影響している可能性が指摘されています。

取り調べに？

取調官が事件のストーリーを何回も話すことで，それを聞かされた人の中でにせの記憶がつくられてしまうことがあるのです。

それにより，やってもいないことを認めてしまう，というあってはならないことがおこってしまうんです。

このように犯人ではないのに，「自分が犯人かもしれない」と考えて罪を認めてしまうことを虚偽自白といい，冤罪被害を生む原因の一つとして問題視されています。

虚偽自白……。
ほんとうに, 大きな問題ですね。

人は「中断されたこと」をより覚えている

突然ですが, 試験に向けて勉強したことを, 試験の後に
さっぱり忘れていたという経験はありませんか？

学生時代のテストはいつもそうでした。
覚えたことをテストで吐きだして, テスト後には何も残
っていない, みたいな。

ははは。誰もが身に覚えがあることかもしれませんね。
**実は, 人はすでに完了した課題の内容を忘れやすく, 完
了していない課題や途中で中断された課題の内容を忘れ
にくい傾向があるんですよ。**
この現象は実験でも確認されています。

テストのあとにすべてが忘却の彼方にほうむりさられ
るのは, 私だけではなかったのですね。
それで, どんな実験で, 確かめられたんでしょうか？

実験の内容は次の通りです。
まず, 実験参加者に, 箱の組み立てなどの手作業と, パ
ズルなど頭を使う問題を合わせた約20種類の課題を
あたえます。

半分の参加者（完了グループ）には，いま行っている課題を完了してから次の課題にとりかかるように指示しますが，もう半分の参加者（未完了グループ）には未完了の状態で次の課題にとりかかるように指示します。

ふむふむ。

最後の課題を終えたあと，各グループの参加者にどのような種類の課題にとりくんだのかを質問しました。
すると，未完了グループの参加者は，完了グループの参加者の**約2倍**程度の数の課題を思いだすことができたのです。

2倍も!?

おどろきですよね。
この実験から，完了したことを忘れやすい現象を，実験者の名前にちなんで**ツァイガルニク効果**とよびます。

つぁいが……。

舌をかみそうになるよび名ですね。
それにしても，何で記憶にそこまで差がつくんでしょう？

人は何かにとりくんでいる間は，つねにそのことが頭にあり，**緊張**がつづいている状態です。
そのため，とりくんでいる課題については，内容もすぐに思いだせます。

ふむふむ。

しかしいったん完了すると，そういった緊張がなくなるため，経緯や内容も忘れてしまうのだと考えられています。

なるほど。
完了した作業の情報って，しばらく不必要なことが多いので，たしかに理にかなっていますね。
やらなければいけない，未完了の作業に脳の力を使うみたいな。

ポイント！

ツァイガルニク効果

　人はすでに完了した課題の内容を忘れやすく，完了していない課題や途中で中断された課題の内容を忘れづらい傾向がある。

そうですね。
達成できなかったことを積み重ねると，人には苦手意識が芽生えます。何かに挑戦するとき，達成できなかった，つまり完了しなかった過去の経験がツァイガルニク効果により記憶に強く残り，「また達成できないんじゃないか」と考えてしまうためだと考えられています。

ちなみに，ツァイガルニク効果とはちがいますが，**現代特有**の記憶のバイアスについても一つ，ここで紹介しておきましょう。

現代特有のもの？

はい。
たとえば，何かわからないことがあると，インターネットで検索する人は多いと思います。しかし何度も同じ内容を検索していませんか？
また，検索したサイトの内容を読んだときに，前にも同じサイトにアクセスしていたことを思いだすことはないでしょうか。

あります……。
最近では，山登りのことを毎日のように調べていて，同じサイトを何度も何度も訪れています。

そうでしょう。
実は，インターネットなどでいつでも検索できる情報や，デジタル機器に保存されていていつでもとりだせる情報は，記憶されにくいという研究結果が，ベッツィ・スパロウらによって報告されているんです。
これは**グーグル効果**や**デジタル性健忘**とよばれるものです。

 グーグル効果！　現代的な名称ですね！

 この現象に関して，参加者がパソコンに入力した情報を覚えているかどうか調べる実験が行われました。ただし参加者の半数には入力した情報が削除されると伝え，半数には保存されると伝えています。

 ほうほう。

 その結果，**保存されると伝えられた参加者のほうが，削除すると伝えられた参加者よりも，内容を覚えていませんでした。しかし内容を覚えていない参加者も，保存場所については覚えていたんです。**

つまり人は，情報が保存されている場合，情報そのものを思いだすよりも，その情報がどこにあるのかを覚えている傾向が強いといえます。

へぇ〜！
保存されるとわかっている情報は，覚える必要なし！って脳が勝手に判断するんですね。
たしかに理にかなっている気がする。

3

時間目

知っておきたい
判断と行動のバイアス

言葉や情報に影響される「判断」

人は「あと一つ」と言われると買ってしまうなど，自分が自覚している意図とはことなる行動をとってしまうことがあります。無意識の行動にひそむバイアスについて，掘り下げてみましょう。

「○○について考えるな」と言われると……？

3時間目は，判断や行動にまつわるバイアスについてお話ししましょう。

1時間目の冒頭で述べたように，ヒューリスティックは，情報が限られているときなどに，より迅速に，余計なエネルギーを使わずに判断を下せるしくみです。しかし，そのしくみがときに合理的な判断をさまたげ，認知バイアスを生むことがあるのです。

どういうときでしょうか？

たとえばそれほど興味がなかったモノなのに「残り一点」と書かれたとたん，ほしくなったりしたことはありませんか？

あります！
残り一点のスイーツなんかを見かけると，思わず買ってしまうことが多いかも……。

今ここでしか買えないんだ，と思うとつい手が伸びてしまうんです。

ははは。わかります。
私たちの判断や行動は，思った以上にさまざまなバイアスの影響を受けています。
このようなバイアスをあらかじめ知っておけば，より適切な選択ができる機会がくるかもしれませんね。

どんなバイアスが私たちの判断や行動に影響をあたえているのか，知りたいです！

では，アメリカの心理学者ダニエル・ウェグナー（1948～2013）が，1987年に発表した皮肉過程理論からはじめましょう。

ひにくかてい？
どのような理論なんですか？

ダイエット中に，大好きなケーキを食べないように努力していると，かえってケーキのことばかりが頭に浮かんでくる……。このような体験はありませんか？
ある事柄について考えないように努力するほど，皮肉なことにそのことが頭からはなれなくなってしまうのです。
この現象を説明したのが，皮肉過程理論です。

あぁ，身に覚えがあります！

休肝日だからと思って，「今日はお酒を飲んじゃだめ」と強く思うと，余計にお酒のことが頭からはなれなくなって，つらいんです。

それは，とてもよい例ですね。
皮肉理論については，ウェグナーが行った，通称シロクマ実験とよばれる有名な実験があります。
この実験はやや複雑なので，くわしい実験条件などを省略して紹介します。次のページの図と照らし合わせながら，考えてみてください。

はい。

実験には34名が参加し，AとBの二つのグループに分けられました。
まずグループAは「シロクマについて考える」ようにいわれたうえで，心に浮かんだことを口に出しました（次のページの図①）。
その後，今度は「シロクマについて考えない」ようにいわれて，心に浮かんだことを口に出しました（図②）。

シロクマのことを考えたあとで，シロクマ禁止ですね。

そうです。

一方，グループBはグループAとは逆に，はじめに「シロクマについて考えない」ようにいわれたうえで，心に浮かんだことを口に出し（図③），その後「シロクマについて考える」ようにいわれ，心に浮かんだことを口に出しました（図④）。

①〜④はいずれも5分間で，その間に参加者がシロクマについて考えた場合には，ベルを鳴らすよう指示されていました。

「シロクマについて考えてください」といわれる

①のあとに，「シロクマについて考えないでください」といわれる

グループA

①　②

グループB

③　④

「シロクマについて考えないでください」といわれる

③のあとに，「シロクマについて考えてください」といわれる

さて，①〜④のそれぞれで，シロクマについてより多くのことを考えたのはどの状況だったでしょうか？

普通にシロクマについて考える①かなぁ。

残念。
正解は，④のときです。このときにシロクマについて最も多くのことを思いついたんです（次のページのグラフ）。
つまり，**シロクマについて考えるのをいったんがまんすることで，その後シロクマのことを最も多く考えることになったのです。**

④かぁ〜。

この結果は，**シロクマについて考えないようにしている間にも，脳はシロクマについて考えつづけていることがその原因ではないかと考えられています。**
また，「シロクマについて考えない」ようにといわれている間でも，参加者たちは1分あたり5回程度はベルを鳴らしました。

へぇ〜。1分あたり5回も！
なぜ，考えてはいけないと指示されているのに，シロクマを考えてしまうんでしょうか？

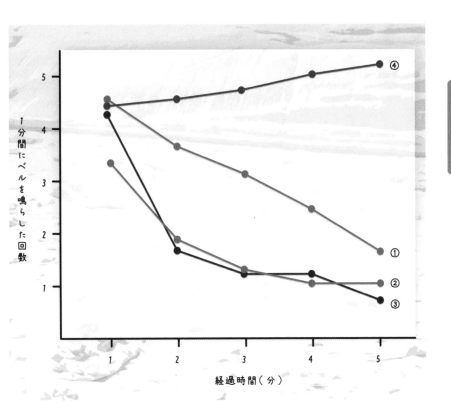

 この現象は，**シロクマについて考えないようにしつづけ**
るためには，逆にシロクマのことを考えつづけなければ
ならないことからおきているようです。

 ふぅむ。

 皮肉過程理論では，人が自分の思考をコントロールした
いと思うとき，実行過程と監視過程の二つがはたらくと
されています。実行過程とは実際に思考を行う過程であ
り，シロクマ実験ではシロクマの映像を思いだすことも
それに含まれます。

一方，監視過程とは自分の思考をコントロールしたいと思うときにはたらく過程であり，コントロールしたい内容に反していないかどうかを監視する過程です。シロクマ実験では，シロクマの映像を思いだしてはいけないと監視することがこれにあたります。しかしながら，監視過程でシロクマのことを考えているかどうかを監視するには，実行過程においてシロクマについて考える必要があります。そのため，シロクマについて考えるたびに，監視過程はシロクマについて考えたことを検出することになります。

じゃあ，私が休肝日にビールを飲みたくなったら，いったいどうすればいいんでしょうか？
ビールをのことを考えてはいけないと思うと，余計にビールが頭に浮かびます。

あることを考えないようにするには，「そのことを考えない」のではなく，「別のことを考える」ようにするとよいでしょう。

ほぉ！　どういうことでしょう？

たとえばシロクマ実験では，③の際に「シロクマについて考えそうになったら，赤いフォルクスワーゲンについて考えてください」と指示したところ，その後シロクマのことを考える回数が減りました。

126

このことから，ビールが気になる人は，ビールについて
考えないようにするのではなく，好きな本やテレビ番組
といった**無関係なことに集中して，ビールについて考え
る余地をなくす**ようにするといいでしょう。

私も今度からそうしようっと。

ポイント！

皮肉過程理論
ある事柄について考えないように努力するほど，
皮肉なことにそのことが頭からはなれなくなって
しまう。

「協力」より「競争」と考えるのはなぜか

つづいては，ゼロサム・バイアスについて説明します。
誰かが得をしたら，それと同じ分だけ誰かが損をして，
差し引きの合計（サム）がゼロになる状況のことを**ゼロ
サム**といいます。

ゼロサム？

たとえば野球やサッカーの試合では，片方のチームが得点すればもう片方のチームは失点するので，おたがいの得失点差はゼロサムです。

また，無人島に二人の人がいて，限られた量の食料しか存在しない場合，一人が食べればもう一人は食べられないので，これもゼロサムです。二人は限られた食料をめぐって争うことになるでしょう。

過酷な設定ですね……。

一方で，二人で協力することで新たに食料を手に入れられたりする状況は，**ノン・ゼロサム**といいます。

協力し合えたほうが断然いいです！

そうですね。しかし**たとえ協力すればノン・ゼロサムの関係になれる状況であっても，人はゼロサムだと思いこんでしまう傾向があります。**
これが**ゼロサム・バイアス**です。

どういうことでしょうか？

簡単にいうと，誰かが得をすると，その分，別の誰かは損をする，と思いこんでしまう傾向のことです。
実際の環境や状況がゼロサムでないにもかかわらず，そのように主観的に考えてしまうので，認知バイアスの一種だといえます。

自分が成功するには，他人を蹴落とさないといけない，みたいな？

ええ，そういう思考です。
ゼロサム・バイアスは，私たちの日常のさまざまな場面でみられます。
たとえばカナダ，ゲルフ大学のダニエル・ミーガンが行った実験では，学校の成績について，ゼロサム・バイアスがおきることが示されています。

学校の成績で？　どういうことでしょうか？

学校で成績を評価する方法には相対評価と絶対評価の2種類があります。
相対評価は，よい評価がつく学生の割合は決まっているため，ゼロサムです。一方，絶対評価はとくに割合は決まっていないので，ノン・ゼロサムです。

ふむふむ。そのどこにバイアスが？

実験では，参加者に「成績は絶対評価で決まる」と教えられました。
しかしそれにもかかわらず，参加者は相対評価であるように感じる，つまりゼロサムであるように感じる傾向があることがわかったのです(次のページのイラスト)。

誰かがよい点をとれば，別の人の点は悪くなるはずだ，と考えてしまうんですね。

ゼロサム・バイアスを検証した実験

カナダのゲルフ大学では、学生のゼロサム・バイアスを検証する実験を行いました。この実験には、大学生556名が参加しました。参加者には、「20名いるクラスで、学生が1人ずつプレゼンの試験を受けている。この20人目の学生の成績（点数）を予測してほしい」と依頼しました。点数は1〜5点の5段階で、絶対評価で決まると伝えたうえで、参加者にはすでに試験を行った19名の点数が書かれた点数表を事前に渡しました。このとき、参加者は二つのグループに分けられ、グループAには低得点（1点、2点）よりも高得点（4点、5点）の学生が多い点数表が、グループBには低得点と高得点の学生が同数程度いる点数表が渡されました。

そして、参加者に20人目の学生の結果を予測してもらったところ、グループAのほうがグループBよりも、20人目の学生の点数を低く予測する傾向がありました。点数の決め方が絶対評価であり、すでに高得点の学生が多いということは、20人目の学生も高得点であると推定するのが妥当だといえます。しかし、実際には点数を低くつけた参加者がいたのは、その参加者がプレゼンの試験が相対評価、つまりゼロサムの状況であるように感じていたためだと考えられます。

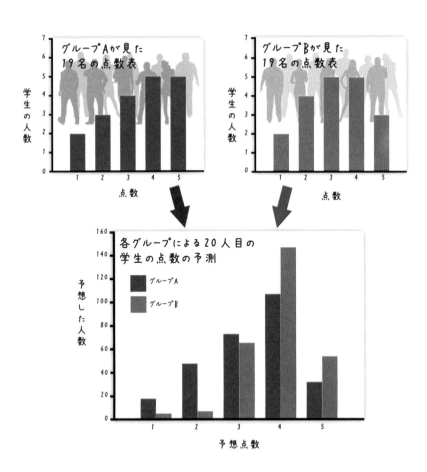

そうです。
ゼロサム・バイアスは集団間でもはたらくことがあります。
その典型的な例が**移民の問題**です。カナダの心理学者，ビクトリア・エセズは，国民の間で移民の受け入れを拒否する**反移民的態度**が生じる原因の一つに，ゼロサム・バイアスがあるとのべています。

移民の問題にゼロサム・バイアスがどのように影響しているんでしょうか？

社会における金銭や仕事の数をゼロサムだと考え，移民のことを**自国の金銭や仕事を奪いにくる集団**だとみなしてしまう可能性があるのです。
するとどうしても移民を排斥する思想につながってしまいます。

移民を競争相手としてみなしてしまうんですね……。

そうです。
しかし移民がもたらす労働力や技術によって経済が発展し，新たな仕事が生まれる可能性もあると考えることができれば，状況はゼロサムとは限りません。
エセズが2001年に行った実験では，移民と自分たちの関係をゼロサムでとらえる傾向が強い人ほど，反移民的態度を示すことが明らかにされました。

ふぅむ。
ゼロサム・バイアスはなぜ生じるのでしょうか？

人類の祖先は限られた資源をめぐって争うような環境で進化してきました。
そのため目の前の状況がゼロサムであると判断するようになったと考えられています。
また，それまでの個人の経験もゼロサム・バイアスをもたらす要因の一つともいわれています。

なるほど。
私たちの祖先は，過酷な環境にずーっといたのでしょうね。

現在の私たちが住む社会は，競争すべき状況と，協力すべき状況が複雑に入り混じっています。
重要なのは，状況に合わせて競争と協力のいずれの行動をとるべきかを適切に判断することです。
自分がゼロサム・バイアスにとらわれていないかを振り返ることが，その一歩になるでしょう。

ポイント！

ゼロサム・バイアス
　ノン・ゼロサムの関係になれる状況であっても，
　人はゼロサムだと思いこんでしまう傾向がある。

レアものや限定品がほしくなるワケ

突然ですが今，ケーキ屋さんにいるとします。
おいしそうなケーキが2種類あり，片方はたくさん残っ
ていますが，もう片方は残りわずかです。あなたはどち
らを買いたくなりますか？

うーん，残りわずかなほうかな。

ですよね。
実は，同じ状況になったとき，残り少ない方を選ぶ人が
多いようです。
**少ないほうのケーキをより価値が高いと感じ，それを選
ぶ傾向が人にはあるのです。**
このように，希少性が高いものの価値を高く見積もりや
すいことを**希少性バイアス**といいます。

ほう。何だか商売に生かせそうなバイアスですね。

はい。希少性バイアスは，**レアもの**や**限定品**がほしく
なることとも関係しています。

あぁ！　よくわかる！
限定カラーのプラモデルとか，ものすごくほしくなりま
す！！

希少性バイアスについては，アメリカの心理学者ステファン・ウォーチェルらが1975年に行った実験があります。
これもやや複雑な実験なので，くわしい実験条件などを省略して紹介しましょう。

はい，お願いします。

まず，参加者は二つのグループに分かれて，ビンに入った**クッキー**を試食して味などを評価するように指示されます。
一方のグループにはクッキーが**10枚**入ったビンが，もう一方のグループはクッキーが**2枚**入ったビンが，それぞれテーブルの上に用意されます。

ふむふむ。

そして両方のグループがクッキーを評価しました。すると，後者のほうがクッキーに対する評価が高くなったのです。つまり，希少性バイアスが示されたわけです。

数が少ないときの方が，クッキーに魅力を感じるんですね。

そうです。さらに次のような実験も行われました。
まず，参加者はA，B，Cの三つのグループに分かれ，先ほどの実験と同じように，ビンに入った**クッキー**を試食して味などを評価するように指示されます。

グループAとグループBにはクッキーが10枚入ったビンが，グループCにはクッキーが2枚入ったビンが，それぞれテーブルの上に用意されます。

 グループCだけビンの中のクッキーが少ないんですね。

 そうです。
さて，参加者がそれを食べようとしたとき，実験者が部屋の中に突然入ってきます。そして，それぞれのグループごとに，ことなることをいいます。
まず，グループAには**「ほかの実験室の参加者が予想以上に食べて，クッキーが不足したので，分けてもらいにきた」**と伝えてクッキーが2枚入ったビンと交換します。

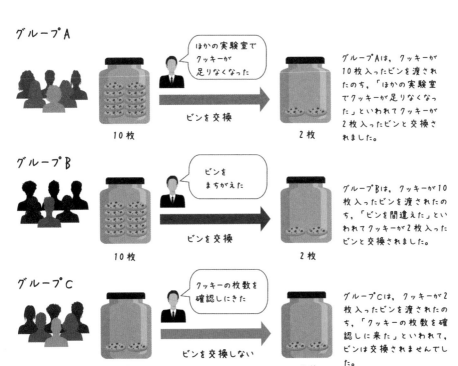

グループA

ほかの実験室で
クッキーが
足りなくなった

ビンを交換

10枚　　　　2枚

グループAは，クッキーが10枚入ったビンを渡されたのち，「ほかの実験室でクッキーが足りなくなった」といわれてクッキーが2枚入ったビンと交換されました。

グループB

ビンを
まちがえた

ビンを交換

10枚　　　　2枚

グループBは，クッキーが10枚入ったビンを渡されたのち，「ビンを間違えた」といわれてクッキーが2枚入ったビンと交換されました。

グループC

クッキーの枚数を
確認しにきた

ビンを交換しない

2枚　　　　2枚

グループCは，クッキーが2枚入ったビンを渡されたのち，「クッキーの枚数を確認しに来た」といわれて，ビンは交換されませんでした。

ほうほう。

また，グループBには**「クッキーのビンをまちがえて配置してしまった」**と伝えてクッキーが2枚入ったビンと交換します。
そしてグループCには**「クッキーの枚数を確認しにきた」**と伝えてビンを交換せずに去っていきます。
その後，参加者はクッキーを評価します。

どのグループも，ビンの中のクッキーは結局2枚で同じになったわけですね。

そうです。
でも，各グループのクッキーの評価には，差がでました。
なんと，すべて同じクッキーにもかかわらず，クッキーの評価はグループAが最も高く，その次にグループB，そしてグループCが最も低い評価をつけました。

どうしてそのような結果になったのですか？

クッキーはつねに不足しているときよりも，途中で数が減少するときのほうが評価が高かったということになります。
とくに，ほかの実験室で足りなくなった，つまり「クッキーに人気がある」といわれたときに，評価が高くなりました。

	グループA	グループB	グループC
もっと食べたいか	2.25	3.27	4.08
クッキーはどれほど魅力的か	2.33	3.00	4.00
値段をつけるならいくらか	71.5セント	60.9セント	45.8セント

「クッキーをもっと食べたいか」や「クッキーに値段をつけるならいくらか」などを各グループに評価してもらったところ（値段以外は，数字が小さいほうが高評価をあらわす），グループA，B，Cの順に高評価をつけました。

途中で数が減る方が，より強く希少性バイアスがはたらくのか〜。
希少性バイアスはなぜ生じるのでしょうか？

希少性バイアスが生じる原因はいくつか考えられます。
一つは，**「希少である，つまり数が少ないということは，その物がすぐれていることの根拠になる」と考えること**ですね。
先ほどのケーキでいえば，「ケーキの数が少ないのは，多くの人がそれを手に入れようとするほどおいしいからだ」という推測がはたらくんです。

よくわかるな〜。
残り少ない商品は，人気でよいものなんだろうな思ってしまいます。

ええ。ほかにも，**心理的リアクタンス**が原因にあげられることもあります。

これは**自分の行動や選択の自由が制限されたと感じたときに，失われた自由を回復しようとして，制限された行動をあえて行おうとする傾向のこと**です。

 制限された行動をあえて行う……？
いったいどういうことなんですか？

 ケーキでいうと，数が少ないという状況は，人に「そのケーキが二度と手に入らない」という状況を想像させます。
すると，そのケーキを食べる自由が奪われたように感じ，買いたくなるというわけです。
限定品などでも，「今しか手に入らない」といわれると，手に入れる自由を奪われたと感じ，手に入れたくなってしまうんですよ。

 そういうことなんですね！

 物の価値を判断する際には，**その物自体の本質的な特徴だけではなく，他者の行動や心理的リアクタンスなどに影響されていることを気にとめておくとよいでしょう。**

ポイント！

希少性バイアス
人は希少性が高いものの価値を，本来よりも高く見積もりやすい傾向がある。

具体的な数字を示されると，それが基準になる

 つづいては，アンカリング効果です。

 あんかりんぐ？

 はい。
買い物をするとき，値段交渉をした経験はありますか？

 あまりないですが，電気屋さんで冷蔵庫を買うときに交渉して，少しだけまけてもらいました。
交渉した甲斐がありました！

よかったですね。

値段交渉のとき，売り手のテクニックとして，まず最初に本来の値段より高い金額を提示するという方法があります。

すると買い手はその金額を基準に考えてしまうので，売り手は有利に交渉を進めることができます。

このように，**最初にある数値を示されると，その後の数値判断が無意識のうちにゆがめられ，判断された数値が最初に提示された数値に近づく現象のことを「アンカリング効果」というんです。**

最初に示される数が，船のいかりを意味するアンカーになるわけです。

たしかに，電気屋さんでは，最初についている値札を基準にして，そこから1000円引いてほしい，とかいって交渉しました。

値札の金額から大きくはなれた金額は，提案しづらいですから。

今考えると，電気屋さんで冷蔵庫を少しまけてくれたのも，はじめについていた値札が本来よりも高い金額だったのかもしれません。

アンカリング効果については，心理学者のエイモス・トベルスキーとダニエル・カーネマンが1974年に報告した実験があります。

実験ではまず，65か10で止まるように操作したルーレットを使用して，実験参加者に65あるいは10という数字（アンカー値）を提示します。

次に，国連加盟国に占める**アフリカ諸国の割合**が，提示されたルーレットの数字よりも大きいと思うか，小さいと思うかを考えさせます。そして最後に，国連加盟国に占めるアフリカ諸国の割合を実際に推定させます。

ほうほう。
二つのグループで，回答にちがいが出るんですか？

そうなんです。二つのグループの回答には大きなちがいが生じました。
65という数字をあらかじめ提示された参加者のほうが，高い数値を答えたのです。

どれくらいの数値を答えたんでしょうか？

65という数字を提示されたグループの参加者が答えた数値の**中央値**，つまりグループ内の回答を小さい順に並べたときに中央にくる値は**45%**でした。

10の方は？

10という数字を提示されたグループの中央値は**25%**でした。
なお，当時の実際のアフリカ諸国の割合は約**31%**です。

うわ，二つのグループで回答がかなりちがいますね。
質問の前に提示された数字に引っ張られてしまったんですね。

ええ，そうです。
答える前に示された数値がアンカー（心の中の錨）となり，無意識にそれを基準として答えを出してしまったようです。

なるほど。

アンカリング効果は比較的強固だと考えられています。
たとえば，不動産業者に住宅価格を推定させた実験では，**参加者はその分野の知識をもっているにもかかわらず，アンカリング効果をまぬがれませんでした。**

ひぇ～！
知識をもっているのに，ですか!?

ええ。
また，**事前にアンカリング効果を説明して気をつけるようにうながした実験でも，影響は消えなかったようです。**

そうなんだ……。アンカリング効果からのがれることって，むずかしいんですね。

ポイント!

アンカリング効果

最初にある数値を示されると，その後の数値判断が無意識のうちにゆがめられ，判断された数値が最初に提示された数値に近づく傾向。

「好き」と思う
意外な理由

私たちの気持ちは，まわりの言葉や情報に影響を受けていることがあります。たとえばドキドキしているのは，本当にその人が好きだからでしょうか？　その意外な理由をひもといてみましょう。

ドキドキするのは「つり橋が揺れる」から?

ここからは，私たちが**好き**や**好ましい**と感じる意外なしくみについてお話しします。
これらの感情をいだくときにも認知バイアスがはたらくことがあるんですよ。

好きという感情にも!?

はい。
たとえば好きな人といっしょにいると心臓が**ドキドキ**しますよね。このように感情と生理状態には深い関係があります。

たしかに好きな子の隣にいると，ドキドキしっぱなしです！

ですよね。

ただ，同じようにドキドキするような状況でも，デート中なら「楽しい」，交通事故を目撃したときなら「こわい」というように，ことなる感情をもちますよね。

もちろん！　交通事故を目撃して，楽しいなんて思う人はいませんよ！

これは心拍数が上がるという生理的変化に加え，「デート中である」「事故を目撃した」といった認知的解釈によって，「楽しい」や「こわい」という感情，つまり情動がおこることを示しています。

そのときの状況を解釈して感情が生まれているんですね。

はい。

アメリカの心理学者スタンリー・シャクター（1992 〜1997）は，この現象を情動二要因論という理論で説明しました。

シャクターは，心拍数が上がるような生理的変化があったとき，**状況などからもっともらしい原因を探しだし，その原因に見合った感情を経験することを実験で示したのです。**

ふぅむ。

この情動二要因論で説明できるのが，つり橋効果という現象です。この言葉を聞いたことはありませんか？

いえ，はじめて聞きました！

つり橋効果というのは，揺れるつり橋の上で異性から話しかけられるとその人を好きになったと錯覚する傾向のことです。
カナダの社会心理学者ドナルド・ダットンとアーサー・アロンによって実験で確かめられました。

そんなまさか!?

実験の内容はこうです。
高さ70メートルの揺れるつり橋を一人でわたっている男性に，橋の中央で魅力的な女性が突如アンケートを求めて話しかけ，結果を知らせるので後日連絡するようにと電話番号を渡します。

ふむふむ。

すると，**高さ3メートルの頑丈に固定された橋，つまり揺れない橋で同様の実験を行ったときより，電話をかけてくる男性の割合が高かったのです。**

えぇーなぜ!?

高くて揺れるつり橋にいると，恐怖によってドキドキします。
そのため，つり橋の上で実験を行うと，目の前にいる女性が魅力的だからドキドキしたのだと勘ちがいし，女性のことを好意的に思ったためだと考えられます。

固定された橋とつり橋とでどれくらい人数に差があったんですか？

高さ3メートルの固定された橋では**12.5％**が電話をかけたのに対し，高さ70メートルのつり橋ではなんと**50％**の男性が電話をかけました。

どっひゃ〜！
高くて揺れるつり橋のほうは半分の男性がかけてるんだ。

これが一般的に**つり橋効果**として知られている現象です。

心拍数の上昇という結果をつり橋への恐怖，つまり**本来の原因**ではなく，女性の魅力，つまり**誤った原因**へ帰属させてしまったのです。このような現象を**誤帰属**といいます。

そっか，今度から女の子をデートに誘うときには，つり橋につれていくことにします！

「何度も見る」と好きになるのはなぜ？

テレビやスマートフォンなどで，何度も同じ広告を見ることがありますよね。
最初はなんとも思わなかったのに，紹介されている商品がだんだん気になってきた，という経験はないでしょうか？

あります！
スマホでニュースを見ていると，**パズルゲーム**の広告がよく入ってきていたんです。
はじめはあまり楽しそうに思わなかったんですけど，何度もその広告を見るうちに気になり出して，結局ダウンロードしてしまいました！

ふふ，多くの人が同じような経験をしているかもしれませんね。

実は，何度も同じものを見聞きしていると，次第に好意的になる傾向が人にはあるんです。

これを**単純接触効果**といいます。

この効果を研究したアメリカの社会心理学者，ロバート・ザイアンス（1923 ～ 2008）の名前をとって**ザイアンスの法則**ともよばれています。

私は単純接触効果に影響されていたわけですね。

はい，その可能性がありますね。

単純接触効果を研究したザイアンスは，なじみのない外国語を使った実験により，接触回数が多い単語ほど好感度が高くなることを示しています。

へぇ〜。どういう実験だったんですか？

まず実験参加者になじみのないトルコ語が書かれたカードを見せ，発音練習をさせます。

このとき，**ある単語は1回だけ見せる，別の単語は25回も見せるといったように，単語によって見せる回数を変えました。**

ほうほう。

その後，単語に対する印象を7段階で点数をつけてもらいました。

その結果，**見た回数が0回，1回，2回と低頻度のときよりも，5回，10回，25回と高頻度のときのほうが，好感度が高くなったんです。**

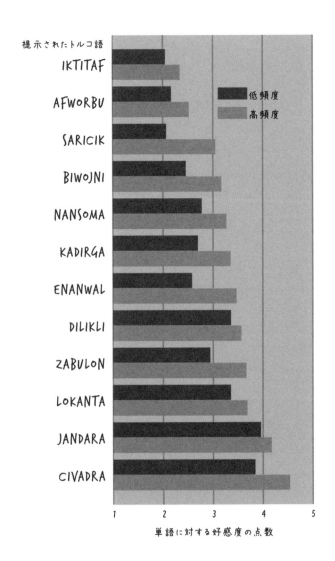

提示されたトルコ語

IKTITAF
AFWORBU
SARICIK
BIWOJNI
NANSOMA
KADIRGA
ENANWAL
DILIKLI
ZABULON
LOKANTA
JANDARA
CIVADRA

低頻度
高頻度

1　2　3　4　5

単語に対する好感度の点数

へぇ〜！
なじみのない言語でも，好感度に差がつくんですね。
いったいなぜ単純接触効果はおきるんでしょうか？

同じものに何回も接触していると，その対象を知覚するときにより流暢に（スムーズに）処理がなされるようになり，対象への印象や好意として誤って帰属されるようになるからだと考えられています。

何度も見たことがあるものを見ると，脳が負担なく処理できるようになるから，好意的に感じるということでしょうか。

そうですね。
単純接触効果は，商品の宣伝などでよく使われます。
商品を宣伝する企業は，単純接触効果をねらって生活のあらゆる場面に商品が映しだされるように工夫しているわけです。

たしかにお店ではじめて見た商品よりも，CMでよく見る商品を手にとることが多いかもしれません。

そうでしょう。
テレビCMだけでなく，ビルの壁面や屋上，電車の車内，雑誌，スマートフォンなど，私たちは**さまざまな場面で広告を目にします。同じ広告を見つづけることで単純接触効果がおき，その商品を好きになるといわれています。**

何度も何度も見てもらうことが重要なのですね。

 そうです。
ちなみに**単純接触効果は人間の顔，食べものの味，にお
いでも生じるといわれています。**

 ということは，会社に気になる同僚がいるんですけど，
できるだけ視界に入るように，いつも目の前を横切れば，
好感度が上がるかもしれないってことですね！

えー……。不審がられないように気をつけてください。
それに，相性が悪い，または嫌悪感を抱いている相手には，
接触すればするほど，逆に悪い印象をあたえることが知られています。
ですから，単純接触効果をもちいる際には注意が必要です。

ぐぬぬぬ。

ポイント！

単純接触効果
　何度も同じものを見聞きしていると，次第に
好ましく感じる傾向がある。

誤った情報でも，くりかえし接すると……？

近年，政治をめぐるフェイクニュースや，災害時に広がるデマ情報の問題が注目を集めています。
昨今のコロナ禍でも，根拠不明の予防法などがSNSを通じて拡散したことがありましたね。

あー，いろいろありましたね。
ニンニクを食べたらコロナにかからないとか……。
なぜそんな情報を信じるんだろうと不思議に思っていました。

心理学の研究によると，**人はくりかえし接する情報を真実と受け止めやすい傾向があるといわれています。**
これは**真理の錯誤効果**とよばれています。
コロナ禍のデマも何度もSNSを通して接することで，その情報を真実だと受けとられやすくなった可能性があります。

真理の錯誤効果ですか……。何だか単純接触効果に似ていますね。

はい，そうなんです。
真理の錯誤効果を検証した実験として，アメリカのテンプル大学などの研究チームによる次のような実験があります。その結果は1977年に発表されました。
実験は，**参加者たちに数多くの情報を見てもらい，どの程度正しいと思うかを答えてもらうというものです。**

情報は歴史，科学，スポーツなどから参加者がくわしく知らないと思われるものが選ばれました。

ふむ。

提示される情報の中には，正しい情報とまちがった情報が含まれています。
たとえば「ヘミングウェイは『老人と海』でピュリッツァー賞を受賞した」といった正しい情報や，「カピバラは最大の有袋類である」などのまちがった情報です。
そして，情報の正しさを判定する作業を，2週間の間隔をあけて3回行いました。その際，くりかえし登場させる情報と1回しか登場させない情報を設けます。

登場させる回数によって，情報の判定結果が変わったんでしょうか？

はい，そうなんです。
実験の結果，情報がほんとうに正しいかどうかにかかわらず，登場する回数が多い情報ほど，より正しいと受け止められる傾向があることがわかりました。
これが真理の錯誤効果です。

真理の錯誤効果はなぜおきるんですか？

これは先ほどお話しした単純接触効果と同じしくみだと考えられています。

単純接触効果では，何度も接したことのある情報は脳内でスムーズに処理できるようになるため，好感度が上がりやすくなります。

それと同様のしくみが内容の正しさの判断にも影響するようなのです。

くりかえし接するうちに正しいと思いはじめる現象は，まちがいだと知っているはずの情報でも生じうるようです。

 ウソもくりかえし聞くと，ほんとうのように思えてくるってことですよね。

何だか不安な気持ちになってきました。

 たとえば政治家などが演説で何度も同じフレーズをくりかえすのは，そういった人間の心理を巧妙につくためといえるかもしれません。

 たしかに……。

 大量の情報があふれている現代社会では，フェイクニュースやデマの拡散から大きな事件に発展することも少なくありません。

この現象には**真理の錯誤効果**が影響している可能性が高いので，物事を判断するときには十分気をつけていきたいですね。

真理の錯誤効果

　人はくりかえし接する情報を真実と受け止めやすい傾向がある。

STEP 3

思いこみやイメージで変わる「行動」

私たちの行動は，言葉のもつイメージや，先入観に無意識のうちに左右されています。いったいなぜそのようなことがおこるのか，見ていきましょう。

人は「イメージ」で評価しがち

スーツを着こなした外見のよい人は，何となく仕事もできそうなイメージがありませんか？

はい。スーツ姿がかっこいい人は，ばりばり仕事をこなしそうなイメージがありますね。

同じように高学歴の人は，勉強ができるだけでなく，人間的にも信用できる印象をもたれやすいようです。
これは，**ある点がすぐれていると本来は直接関係ないはずの別の点まで高く評価してしまう傾向があるため**です。
この現象をハロー効果といいます。

はろー効果？
何だか陽気な響きですね。

ハロー（halo）とは後光や光背という意味の英語です。絵画で，神仏や聖人の背後にえがかれる光のことですね。

挨拶のHelloとはちがいますよ！

あ，挨拶じゃないんですね。

ハロー効果は，1920年代に心理学者のエドワード・ソーンダイクによって提唱されました。
たとえば，外見がよければ，性格もよいといった認知が生じやすくなるわけですね。

外見と性格なんて，関係ないじゃないですか!?

そうなんです。
ハロー効果によって，全体的な印象や目立った特徴が，関係のない個々の項目の評価にまで影響をあたえるんです。

イケメンはずるいってことですね。

ははは。
それから，ハロー効果は人間だけでなく，**物**に対しても生じます。たとえばアメリカのコーネル大学の研究チームは，**食品ラベル**のハロー効果に関する実験を行い，2013年に論文を発表しました。

食品にもハロー効果が!?

論文によると，**オーガニック**，つまり有機栽培の原料を使用していると表示された食品は**低カロリー，低脂肪，繊維質が豊富**など，健康によい印象をもたれやすいそうです。

そして，より高い金額を支払って買ってもよいと考える人が多かったといいます。

へぇ〜！
たしかにオーガニックと聞くと健康によさそうなイメージがあります。

でもいうまでもなく，オーガニックであることと，食品のカロリーや脂肪の量などに直接の関係はありません。

オーガニックというポジティブな特徴につられて，ほかの点までポジティブに評価してしまったのです。

なるほど。

そのほかにも，ハロー効果は社会のさまざまな場面で生じています。
たとえば企業の人事・採用担当者は，求職者の外見や全体的な印象にまどわされずに仕事の能力を見抜くことが課題になっていますね。

そっか，本来関係ないはずなのに，見た目から仕事の能力をイメージしてしまう可能性があるわけですね。

はい，そうなんです。
また有名な**大学教授**は知的で博識に見えるため，専門外の話をしていても，その内容を思わず信用してしまいがちです。これもハロー効果といえます。

そういえば大学時代の教授のいうことって，授業以外の話でも全面的に信じてたかも……！

また，ハロー効果とは逆に，何らかのネガティブな特徴があると別のところまで低く評価してしまう**ホーン効果**というものもあります。
ホーン（horn）は**角**という意味の英語で，悪魔の頭に生えている角に由来します。

悪魔の角……。

 服装や態度がだらしない人は，仕事もできないだろうと思ってしまいがちな傾向などが，ホーン効果の例です。

ポイント！

ハロー効果
ある点がすぐれていると，本来は直接関係ないはずの別の点まで高く評価してしまう。

確率が低いのに「もっともらしい」ほうを選ぶ理由

ここで一つ，問題です。
下のイラストと問題文をみて，選択肢ＡとＢから可能性の高いほうを選んでください。

問題！

リンダという女性は，31歳で独身。非常に聡明で，はっきりものをいう性格だ。リンダは学生時代に哲学を専攻していた。
人種差別や社会正義の問題に強い興味をもち，反核運動にも参加していた。下に示した二つの選択肢のうち，リンダはどちらに当てはまる可能性が高いだろうか。

リンダ

選択肢A
リンダは銀行の窓口係である。

選択肢B
リンダはフェミニズム運動に熱心な銀行の窓口係である。

163

リンダさんは，活動的そうだから，選択肢Bの可能性の方が高いと思います！

残念！　正解は選択肢Aなんです。

が〜ん！
いやいや，リンダさんは活動的なんだから，単なる銀行の窓口係じゃなくて，何らかの運動をやっている可能性の方が高いんじゃないですか!?

そう思いますよね。
この問題は**リンダ問題**とよばれ，心理学や行動経済学の分野でよく知られています。
そして多くの人が，リンダはBの「フェミニズム運動に熱心な銀行の窓口係」の可能性が高いと答えることでも知られています。

ほら，やっぱり，みんなそう思うんですよ。正解はBです。

いいえ，可能性が高いのは「銀行の窓口係」です。
なぜなら，確率的な観点からいえば，「フェミニズム運動に熱心な銀行の窓口係」は，「銀行の窓口係」の中に含まれていますから。

えっ……。

「フェミニズム運動に熱心」かつ「銀行の窓口係」というように，**複数の条件（命題）を同時にみたす（真である）ことを論理学では連言といいます。**

一つの条件をみたすことよりも，複数の条件をみたすことのほうが当然おきづらいはずです。
しかし，複数の条件を同時にみたすことのほうがおこりやすいと，誤って判断してしまうことがあるんです。
これを連言錯誤といいます。

今のわたしも，連言錯誤におちいっていたということですか？

はい，そうですよ。
下の図は，リンダ問題をベン図であらわしたものです。
それぞれの可能性をわかりやすく示しました。
命題Pというのは，「銀行員である」ことをあらわします。命題Qは「フェミニズム運動に熱心である」ことをあらわします。
右の図の命題PかつQの部分が「フェミニズム運動に熱心な銀行員」をあらわします。

命題P：「リンダは銀行の窓口係である」
命題Q：「リンダはフェミニズム運動に熱心である」
命題「PかつQ」：「リンダはフェミニズム運動に熱心な銀行の窓口係である」

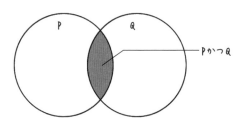

ふむふむ。

**もしリンダが「フェミニズム運動に熱心」という条件をみたしたとしても，銀行員であるとは限りません。
両方の条件をみたす確率は，両者が重なっている部分だけなので，とても低いことがわかります。**

こうやって説明されると，理解できます。

そうでしょう。

リンダのプロフィールからは，一般的に思い浮かぶフェミニストの典型的な特徴が読みとれますね。

このように，ある事例が，特定のカテゴリーの代表的な特徴をどれだけそなえているかをもとにして，その事例のおこりやすさを判断する方法を**代表性ヒューリスティック**といいます。

代表性ヒューリスティック？

はい。**ヒューリスティック**というのは，**1時間目の冒頭でも説明した通り，必ずしも正しい答えを導けるとは限らないですが，ある程度のレベルで正解に近い解をすばやく得ることを可能にする思考方略です。**論理的な過程を経ずに直感的に結論にいたる方法だと考えられます。

リンダは，フェミニストに典型的な特徴をそなえていたために，代表性ヒューリスティックがはたらいて，フェミニストの可能性が高いと判断してしまいがちなのです。

なるほど。

ヒューリスティックには情報が少なくても，短時間で判断できるというメリットがあります。
しかし，気をつけないと連言錯誤のように誤った判断を下してしまうデメリットもあるので，注意が必要ですね。

気をつけます！

ポイント！

代表性ヒューリスティック
　特定のカテゴリーに典型的な特徴をそなえた事
例のおこりやすさを，過大評価してしまう傾向。

期待されると，成績はほんとうに上がる？

会社で新しい仕事にとりくむとき，上司から期待されているのとされていないのでは，どちらがやる気が出ると思いますか？

当然，期待されるほうが「がんばるぞ！」って気になります！
期待してくれているなら，なおさら手を抜けないですし。

なるほど。
一般的にも，期待をされるとやる気がおきたという経験をもつ人は多いようです。
期待をかけられることの効果を調べた実験があります。
1960年代半ば，アメリカの心理学者ロバート・ローゼンタールによって行われた実験です。

いったいどんな実験ですか？

まず，小学生を対象にテストを行います。
このテストは知能指数を測定するものですが，教師には，知的能力が近い将来に急速に伸びる生徒を判別するテストであると説明されました。
そして実際に測定された知能指数に関係なく，ランダムに選んだ生徒について「今後，急速に知的能力が伸びるだろう」と教師に伝えます。

実際にはほかの生徒にくらべて知的能力が上がる根拠は
ないわけですよね。

はい。ランダムに選んだだけですから。
でも1年後，選ばれた生徒の知能指数がほんと
うに上がったのです！

えー！
なぜですか？

この結果は，教師が「知的能力が伸びる」とされた生徒の
やる気を引きだすような行動を無意識にとったためだと
説明されています。
これはピグマリオン効果，または実験者の名前をとっ
てローゼンタール効果とよばれています。

やっぱり，期待をかけられた方が，よい結果が出るとい
うわけですか。

ええ。この研究には検証の方法や結果の再現性などにつ
いて，さまざまな批判もあります。また，教師によるえ
こひいきの問題と切りはなせないとする批判もあります。
しかし期待されればそれにこたえようと努力し，実際に
成績が伸びる人もいるでしょう。
教育だけでなく，人材マネジメントなどビジネスの場で
もとりあげられることの多い効果になっています。

なるほど。たしかに応用できそう。

ちなみにピグマリオン効果と逆の**ゴーレム効果**というものもあります。
これは**期待されていなかったり失敗するだろうと思われていたりすると，成績が下がったり失敗したりする現象**のことをいいます。

そうなんだ。ゴーレム効果は人の可能性を奪う感じがして，よくないですね。

手間ひまかけると「同じモノ」でも価値が上がる

つづいては**イケア効果**をご紹介しますね。

イケアって，あのブルーと黄色のロゴでおなじみの家具屋のイケアですか？　私，休みの日によく行きますよ！

はい，家具を見るだけでも楽しいですよね。
イケアのようなお店で買った**組み立て式家具**を苦労して完成させることで，**達成感**を得る経験をした人は多いと思います。
自分で手間ひまかけて組み立てると，完成品を購入したときよりも愛着がわいてきませんか？

たしかに，苦労してつくったものって大事にしますね。

実際に**「自分でつくったモノ」**と，「自分でつくっていない既製品」をくらべたとき，**前者のほうにより高い価値を感じる場合が多い**ことが報告されています。

感情的な価値だけでなく，金銭的にも前者に高い価格をつける傾向があるんです。

このような現象を**イケア効果**とよびます。

面白い名前〜。

スウェーデン発祥のイケアは世界中に出店していますが，どの国でも家具の多くは組み立て式で，購入者みずから組み立てる必要があることから，イケア効果という名前がつきました。

イケア効果は家具の組み立て以外でもあらわれるんでしょうか？

はい。**家具に限らず，人は自分で手間ひまかけたものに価値を見いだします。**

あるメーカーが水を入れるだけの簡単なホットケーキミックスを売りだしたところ，思ったよりも売れ行きは伸びませんでした。

しかし，**卵や牛乳を入れる工程を加えた改良品に変更すると，売れ行きが改善したそうです。**

へぇ〜！　手間がかかるほうが売れるって，何だか不思議な感じがします。

そうですね。家庭菜園で育てた野菜や，自分で焼いた陶器などは，はたからみれば不格好かもしれません。
けれど本人にとっては，唯一無二の価値のあるものになるんですよ。

 そうですね。何だか DIY がしたくなってきました。

ポイント!

イケア効果
　自分で手間ひまかけたものに対して，高い価値を感じる現象。

偽薬でも症状が改善する「プラセボ効果」

次は，有名なバイアスについてお話しします。
プラセボ効果はご存じですか？

プラセボ？
聞いたことありません！

たとえば医者から「痛みをやわらげる効果がある」などと
出された薬を飲むと，実際には鎮痛成分が入っていない
薬だったとしても，症状が改善することがあります。
これをプラセボ（偽薬）効果といいます。プラシーボ
効果ということもあります。

本来効果がないはずの薬を飲んで，症状が改善するなん
て，何だか不思議ですね。

そうでしょう。
「病は気から」という言葉は昔からありますが，「効く」
と思いこむことで実際に体調がよくなることがあるよう
ですね。
そのため医薬品や健康食品の広告は，購入者が「効きそ
う」と思うように工夫されています。

へぇ〜！　知らなかったです。
いったいなぜ本来効果がないはずの薬を飲んで，症状が
改善するのでしょうか？

この効果がおきる理由はまだ解明されていませんが，薬が効いてほしいという患者の期待感が関係しているのではないかと考えられています。

ふぅむ。なんとも不思議です。

ただし，プラセボ効果は，新薬の開発などでは注意しなければなりません。なぜなら，新薬を飲んで症状が緩和されたとしても単なるプラセボ効果の可能性があるためです。

症状がよくなっても，新薬には効能がないのかもしれないわけですね。

はい，そうです。
ですから新薬の臨床試験は，参加者を偽薬を投与する群と，新薬を投与する群に分け，同時に同期間投与した結果を比較します。
このとき期待などのバイアスが結果に影響しないよう，医師にも参加者にもどちらの群かを知らせない二重盲検試験を行うこともあります。

ほうほう。

二重というのは医師と参加者両方という意味で，医師だけが偽薬群を知っている場合は単盲検試験といいます。

偽薬を使うことで，プラセボの効果を見るわけですね。

そうです。

新薬開発の現場では，偽薬よりも新薬のほうが効果がある，という結果が得られたとき，その結果が**偶然生じる確率**を計算します。

そしてその確率が十分小さければ，「新薬に効果のある可能性が高い」と評価され，新薬承認へと進むのです。

新薬ってそんなふうに承認されるんですね！

普段知る機会がないので，勉強になります。

ちなみに，プラセボ効果は，もともとは医療現場での用語でしたが，現在はもう少し幅広く使われることもあるんですよ。

たとえば水道水を入れたペットボトルに市販の天然水などのラベルを貼ると，水道水のラベルを貼ったものよりも臭みを感じず，甘みを感じる人が多かったという研究報告もあります。

これもプラセボ効果といえるでしょう。

そういうものにまで影響があるんですね。

プラセボ効果、すごい！

また，プラセボ効果とは逆に，**偽薬であるにもかかわらず，副作用のような症状が出る場合もあります。**

副作用が……？

はい。
医師や薬そのものに不信感があり，「副作用があるにちがいない」「体に悪いものではないか」などと思いこんでしまうことで，実際に具合が悪くなるようです。
これは<u>ノセボ効果</u>とよばれています。

思いこみの力ってすごいんですね。

ポイント！

プラセボ効果
　本来，効果のないはずの薬を飲んだときに，症状が緩和される現象。

4

時間目

無意識が影響する
集団と人間関係

正しいと思っているのは自分だけ？

人は実際以上に，「こう見られている」とか「あの人もそう思うはずだ」と思いがちです。しかし，このような思いこみが，ときとして差別や偏見をもたらすことがあります。

認識をゆがめる「固定概念」

さてここからは，人間関係にかかわるバイアスについて見ていきましょう。
突然ですが，あなたは図書館司書をしている人と聞くと，どのような人物を思い浮かべますか？

えっ，司書さんですか？　図書館で本の貸し出しをしてくれる人ですよね。本を分類したり，管理したり……図書館の専門家ですから，そうですね，メガネをかけていて，物静かな感じで……，カーディガンを羽織ってる女性を思い浮かべますね。

なるほど。カーディガンですか。
ではイタリア人と日本人はどうでしょう？

イタリア人と日本人～!?　ええと，イタリア人は……，会社の昼休みが3時間くらいあって，陽気にワインを飲んでいる感じですかね。

一方日本人は昼休みも時間を惜しんで，コンビニ弁当で慌てて済ませて……ってイメージです。

まあ，午前中に仕事が終わらない自分のことですけど。

ははは！　わかりやすいですね。

私たちは人や物を，似ているものどうしで**分類**することがよくあります。カテゴリー分けといいますね。

分類には，職業や国，年齢，性別などに応じた**社会的カテゴリー**があります。

そうですね。私たちは必ずどこかしらのカテゴリーに属してるわけですよね。

ええ。そして，私たちはそれぞれの社会的カテゴリーがもつ共通した特徴から，多かれ少なかれ，単純化した**固定観念**をもっています。とくに，過度に単純化された固定観念のことを**ステレオタイプ**といいます。

たとえば，今あなたがおっしゃったような「図書館の司書＝メガネの女性」「イタリア人＝陽気」「日本人＝勤勉」といったようなことです。

私たちはある集団に属する人の特徴を，このようなステレオタイプにしたがって大まかに判断してしまう傾向があるのです。

たしかにそうかもしれません。

「A型は几帳面でO型は大ざっぱ」とか。

血液型も社会的カテゴリーの一つですね。「血液型による性格の特徴」といったものは，典型的なステレオタイプといえるでしょう。

こうしたステレオタイプが，個人の認識に影響をあたえることがよくわかる，興味深い実験結果が出ているんですよ。

どんな実験ですか？

社会心理学者の**クローディア・コーエン**が行った実験です。

この実験では，参加者に，ある夫婦が誕生日を祝っている映像を見せます。

ただし，参加者は映像を見る前に，「妻は**図書館の司書である**」と伝えられるグループと，「妻は**ウェイトレスである**」と伝えられるグループに分けられます。

そして，映像を見せたあとに，映像に登場した妻に関する**記憶テスト**を行ったんです。

面白そうですね。どんな結果が出たんでしょう？

まず，「**図書館司書である**」と伝えられたグループでは，「**メガネをかけていた**」や「**本棚に本**がたくさんあった」など，図書館司書のステレオタイプに合致するような要素がよく想起されていたんです。

へええ～！　やっぱり図書館司書というとメガネをかけているイメージが強いんですね。

女性の職業を
司書といわれた場合

本棚

絵画

メガネ

サラダ

一方で，「ウェイトレスである」と伝えられていたグループでは，「ポップミュージックを聴いていた」「ハンバーガーを食べていた」など，ウェイトレスのステレオタイプに合致するような要素がよく想起されていたんです。

 たしかに，司書とウェイトレスではイメージが変わりますからね。想起されるものが変わるなんて，固定観念って，結構深いところにまで影響をあたえてしまうんですね。

女性の職業を
ウェイトレスといわれた場合

ビール

ボウリング

ハンバーガー

ギター

そうなんです。このように，**私たちは無意識のうちに，他者の特徴をステレオタイプという"フィルター"を通して認識してしまう傾向があるのです。**

この人がどういう特徴をもっているのかをすばやく把握できるという点では，ステレオタイプは有効です。

しかし，人はそれぞれ多様な特徴をもっていて，必ずしもステレオタイプにあてはまるとは限りません。

図書館の司書さんはメガネをかけてない人だっているし，本好きなウェイトレスさんだっているし，友だちの中にはすごく几帳面な〇型もいるし。

その通りです。また，ステレオタイプの内容が現実に即していない場合もあります。

それから「この人はアメリカ人だから〇〇だ」というように，個人の特徴をステレオタイプにあてはめて単純に判断することで相手に悪いイメージをもつと，差別や偏見につながりかねません。

そういえば，イタリア人は昼休みが3時間もあってワインを飲むなんていいなあ〜と思って調べてみたら，そんな情報どこにも出てきませんでした。

そうでしょう。STEP3で説明する「外集団同質性バイアス」も，外集団（自分が属していない集団）に対するステレオタイプ的な判断が過大評価されることが原因だと考えられています。偏見にとらわれずに他者を正しく理解するためには，他者の特徴をステレオタイプによって判断していないかどうか疑ってみることが重要です。

そういわれると，固定観念で判断してしまってることが結構あるかも……。気をつけよう。

他人は思ったより「あなた」に興味がない？

 先生……私，昨日床屋に行ったんですよ。いつものところが混んでたんで，ちがう床屋に行ったんです。
そしたらこんな髪型にされちゃって……。見てくださいよぉ。明日会社に行ったら絶対笑われますよ。

 おや？　そうですか？　かっこいいですよ。

 そんなことないですって，絶対笑われますって！
ああ〜明日会社行きたくないっす……。有給とっちゃおうかな……。

 そんなに思い詰めなくても大丈夫ですよ。それにね，いいことを教えてあげましょうか。

 えっ，何ですか？　ぜひ教えてくださいっ！

フフフ，それはね，**あなたが思ってるほど，みんなあなたのことなんて見てないし，興味もないんです。**

 え……。

 スポットライト効果というものがあります。
スポットライト効果とは，自分の外見や行動を，他者も自分と同じくらい気にしていると思いこむことです。
まさに今のあなたのように，自分の髪型を他人もヘンだと思うにちがいない，と思いこむ状態ですね。
でも，自分が気になってしょうがないことでも，実際は誰も気づかなかったというような経験はよくあることではないでしょうか？

ポイント！

スポットライト効果
自分の外見や行動を，自分と同じくらい他者も
気にしていると思いこむこと。

 そういわれるとそうかも……。小学生のころ，まぶたを蚊に刺されて，はれたまぶたでいやいや学校に行ったら，誰も気づいていませんでした！

 そうでしょう？　明日会社に行ってごらんなさい。誰も笑ったりしませんよ。

たしかに，そもそも誰も私のことなんか注意して見てないわけですからねえ。ちょっと気が楽になったような，サビシイような……。

このスポットライト効果に関する実験も行われています。2000年に，心理学者の**トーマス・ギロビッチ**が行ったものです。
まず参加者は，若者にあまり人気のない**ミュージシャンの顔**が大きくプリントされたTシャツを着ます。
そして，アンケート調査に回答するために，ある部屋にノックして入るように指示されます。

あはは，ちょっとハズカシイですね。
いったいどんなことがおきるんだろう？

部屋に入ると，4名の作業者が，すでに机の前に座ってアンケート調査の回答作業をしています。
参加者は作業者たちの真向かいの席に座り，アンケートの回答作業をはじめますが，実験者からすぐによびだされて，部屋の外に出されます。

なかなか複雑な実験ですね。

そしてこのあと，参加者に「部屋の中にいた作業者のうち何人が，あなたの着ているTシャツにプリントされたミュージシャンの名前を答えられると思いますか？」という質問をするのです。

ほお。

すると，参加者は46％の作業者が答えられるだろうと
回答したのです。

半分くらいはわかるだろうと。

そうなんです。
でも実際に答えられた作業者は平均23％でした。

わっ，少ない。

さらに，この実験の様子を第三者に見せ，作業者のうち，
Tシャツにプリントされたミュージシャンの名前を答え
られるのはどれぐらいかと質問したところ，回答は平均
24％だったんです。

お，第三者の予想は，作業者の実際の正解率とほぼ同じ
ですね。

そうです。つまり，実験の結果，**本人が思うほど他人は
Tシャツの柄を見ていないし，それは第三者が見ても明
らかだった，ということです。**

「わ～！　こんなTシャツ，はずっ！」と思っても，別に
他人はそれほど見てないわけですね。

その通りです。

こうした認識のずれは，Ｔシャツを着ている本人が，「Ｔシャツを気にしている」という，自分と同様の気持ちを他者も感じるだろうと思いこむことによって生じます。

このようなスポットライト効果の根底には，自己中心性バイアスがあると考えられます。

じこちゅうしんせい？

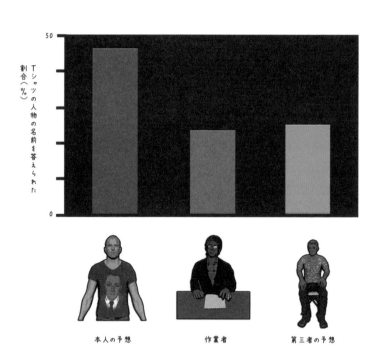

本人の予想　　　　作業者　　　　第三者の予想

人は，自分自身の視点からはなれることがとてもむずかしいため，どうしても自分自身の情報や経験を基準にして他者の考えを推測しがちなんですね。

これが自己中心性バイアスです。

「自己中心」だからといって，わがままという意味ではありませんよ。

自分中心の視点で他者を解釈してしまう，という意味です。

ポイント！

自己中心性バイアス

自分自身の情報や経験を基準にして他者の考えを推測してしまう心理。

なるほど。

自分の見た目を気にしていると，他者も同じように考えるだろうと思い込んでしまうんですね。

明日はこの髪型で出社します！

つづいて，**透明性の錯覚**というものについてご紹介しましょう。

 透明？

 はい。これは，**自分の気持ちが，実際以上に他者に見透かされていると思う傾向のこと**です。

ポイント！

透明性の錯覚
自分の気持ちが，実際以上に見透かされていると思いこむ。

 見透かされている……？　何だかおだやかじゃないですね。具体的にはどんな状況のことでしょうか？

 透明性の錯覚についても面白い実験があるので，紹介しましょう。これは，先述のトーマス・ギロビッチ博士が1998年に行ったものです。
参加者の前には，少量（5ミリリットル）の赤いドリンクが入ったカップが15個置かれています。そのうちの5個は，酢や塩の入った**まずいドリンク**です。

うえ～。嫌な実験ですね。

さて，参加者は15個のカップを順番に飲んでいき，その様子はビデオカメラで撮影されます。
参加者には，「この映像をあとから**10名の観察者**が観て，どれがまずいドリンクかを当てることになっているので，それがバレないように，どんなにまずくても顔に出さないように」と指示されます。
そのため，参加者は，まずいものがバレないように振る舞います。

それで，観察者はどのドリンクがまずいものか当てることはできたのでしょうか？

実験の結果，実際にドリンクがまずかったとき，それを見抜いた観察者は10人中，平均**3.56人**でした。
この結果は，当てずっぽうに答えて正解する人数（3.33人）とほぼ同じです。
つまり，観察者はほぼ，偶然当たったときと同じ程度にしか見抜くことはできなかったのです。

参加者の人たち，頑張ったんですね！

そうですね。
でも一方で，参加者たちに，10人の観察者のうち何人がまずいドリンクを見抜いたか推定してもらったところ，平均して**4.91人**と回答したのです。

え，約半数に見抜かれると思ってたんですか。

そうなんです。
このことから，**うそをついている本人は，実際よりも他者にそれを見抜かれていると思いこみやすい，ということがわかります。**
つまり，うそをついているときの動揺など，自分の心の内が相手につつぬけであるように感じてしまうため，「バレているにちがいない」と思うのです。

へええ〜。自分自身にうそはつけないですからね。人間の心理って面白いですね。

自分だけは「偏向報道」の影響を受けていない？

先生，自分はしっかりとした考えをもっているつもりでも，それが実は思いこみだったりするかもしれないし，何が正しいのかは結局のところわからないような気がしてきてしまいました。

そうですねえ。正しいか正しくないかはさておき，先ほどもお話ししたように，思いこみや偏見にまどわされていないかどうか，という意識をつねにもつことが大事かもしれませんね。

人はとかく，自分の考えこそが正しく，客観的であると思いがちです。 ここで，自分こそが正しいと思ってしまう認知バイアスについてご紹介しましょう。
あなたは報道番組などはご覧になりますか？

ええまあ，朝はニュースを見てることが多いですね。

たとえば，紛争地域や戦争，選挙など，対立している物事についての報道があるとします。
人は，自分と同じ立場から報道されたニュースや記事を見ると「中立的な報道である」とみなす傾向がある一方で，双方の立場を盛りこんだ中立的な報道を見ると，「この報道はかたよっている」とみなすことがあるんです。

そうなんですか？

たとえば，政治的な意見に関して，A陣営とB陣営の二つがあるとします。その場合，どちらの陣営にもかたよらない中立的な報道が行われたとしても，A陣営の人は「B陣営にかたよりすぎている」と感じ，B陣営の人は「A陣営にかたよりすぎている」と感じるのです。

ええ〜。どんなに中立の立場を守ったとしても，受けとる側の立場によって変わってしまうのか。

そうなんです。スタンフォード大学の**ロバート・ヴァローネ**らは，1985年に**サブラー・シャティーラ事件**を報じたニュース映像を使った実験結果を発表しました。

この事件は，1982年にレバノンのサブラーとシャティーラにあったパレスチナ難民キャンプに，親イスラエル政党などによる民兵組織が突入した事件で，2日間にわたって虐殺が行われ，多くのパレスチナ難民が犠牲になってしまったのです。

パレスチナとイスラエルの問題はとてもむずかしいですね。

この実験では，イスラエル寄りの参加者と，アラブ寄りの参加者両方に同じ映像を見せました。
すると，イスラエル寄りの参加者はイスラエルに批判的な報道だという印象をもち，アラブ寄りの参加者はパレスチナに批判的な報道だという印象をもったのです。

中立的な報道であったにもかかわらずですか？

はい。
このように，**メディアをかたよっているとみなす敵対的メディア認知が生じるのは，「自分は現実を客観的に見ることができる」と信じる気持ちが関係しているのです。**
このような信念を**ナイーブ・リアリズム**といいます。
つまり，自分は客観的に見ていると信じているから，自分とちがう認識の人の意見を聞くと，その人の考え方がひどくかたよっているように感じてしまうのです。

そういうことですか……。

はい。
また，世間一般の人が，テレビなどのメディアに踊らされているのではないかと懸念する声をよく耳にします。
これは，自分以外の他者は，マスメディアに強く影響されるものだ，と考える傾向があるからです。
これは第三者効果といいます。

人の心理は複雑でやっかいですね。正しい報道のあり方も必要ですが，受けとる側の意識も大事ですね。

ポイント！

敵対的メディア認知

自分と同じ立場から報道されたニュースや記事を見ると「中立的な報道である」とみなす一方で，中立的な報道を見ると，「この報道はかたよっている」とみなす傾向。

ナイーブ・リアリズム

「自分は現実を客観的に見ることができる」という信念。

第三者効果

「自分はあまり影響されないが，自分以外の他者は，マスメディアに強く影響されるものだ」という信念。

思いだしやすいものが「実際に多い」とは限らない

さて，朝はたいていニュースをご覧になっているとおっしゃっていましたが，最近気になるニュースはありますか？

そうですねえ……。
気になるのは，やっぱり**高齢者の運転による事故**ですかね。最近，すごく多いですよね。

高齢運転者による悲惨な事故がたびたび報道されていますよね。
でも実際のところ，現在は高齢運転者による事故は**減少傾向**にあることがわかっています。

いやいや，高齢運転者の事故はすごく増えているはずですよ。しょっちゅうブレーキとアクセルの踏みまちがいによる事故のニュースを見ますもの！

ここにも，認知バイアスがかかわっている可能性があります。
実は人は，思いだしやすいものを「たくさんある」とか「ひんぱんにおきている」と判断する傾向があるのです。

ほう。

あなたが高齢運転者による事故が増えていると感じるのは，過去におきた悲惨な高齢運転者事故の報道が強く印象に残っていたためかもしれません。

そのあとで類似の事故のニュースを何度か目にするたび，「最近は高齢者の運転による事故が多い」というように，実際以上にそのような事故がおきていると錯覚している可能性があるんです。

なるほど……。

このように，思いだしやすさや利用しやすさを手がかりにして，おきる頻度などを判断することを利用可能性ヒューリスティックといいます。

1時間目で少し紹介した「再認ヒューリスティック」や「親近性ヒューリスティック」も，利用可能性ヒューリスティックの一つだといわれています。

> **ポイント！**
>
> ## 利用可能性ヒューリスティック
> 　思いだしやすさを手がかりにして，おきる頻度を判断すること。

舌をかみそうな名前ですね。そんな認知バイアスがあるなんて，知りませんでした。

利用可能性ヒューリスティックについても，実験によって実証されているんですよ。

これは，二人の心理学者**エイモス・トベルスキー**と**ダニエル・カーネマン**の共同研究によるものです。

実験の参加者たちに，典型的な英単語の中に，たとえば「Rが最初にある単語」と「Rが3番目にある単語」のどちらが多くあらわれるかを予測してもらう，というものです。

Really
Random
Radio

Rが3番目にくる単語なんて，急に思い浮かばないですねえ。Rが最初にくる単語なら，ReallyとかRandomとか，いくつか浮かびますけど……。

Rが最初にある単語の方が圧倒的に多いと思います。

実験の参加者には，「K，L，N，V」についても，それぞれ同じように予測してもらいました。

すると，152人の参加者のうち105人が，それぞれのアルファベットが**最初にくる単語**のほうが多いと答えたのです。

それだけ多くの参加者が最初にくる単語の方が多いと答えたのなら，実際に最初の方が多いんじゃないですか？

いいえ。
実際には，それらのアルファベットが3番目にくる単語の方が多いことが，あらかじめ確認されているのです。

そうなんですか!? 感覚的には最初にそれらのアルファベットがくる単語の方が頭に浮かびやすいから，どうしてもそっちの方が多いんじゃないかと思ってしまいます。これも認知バイアスだなんて……。

日本語でも，「あ」からはじまる単語と，「あ」が3番目にくる単語では，前者の方が思いつきやすいのではないでしょうか。
これが利用可能性ヒューリスティックです。検索容易性ヒューリスティックともよばれます。

ふぅーむ。実際の頻度を誤って見積もってしまうとは厄介ですね。

利用可能性ヒューリスティックは必ずしも悪いものというわけではありませんよ。

思いだしやすさを利用することは，実際によくおこっています。1時間目の冒頭で紹介した都市の人口推定問題でも多くの参加者が利用していました。このように，迅速な判断が必要な場合には，利用可能性ヒューリスティックは役に立ちます。

ただし，そうした判断や選択が，知らず知らずのうちにマスメディアの影響をうけている可能性があることには気をつけないといけません。

マスメディアの影響？

基本的に「よくあること」はニュースにはなりません。ですから，メディアで目にするのは，普通ではないことがほとんどです。

しかし，メディアがくりかえし報道することで視聴者の記憶に残り，思いだしやすくなります。そして，思いだしやすくなることで，それが「よくあること」と勘ちがいしてしまうことにもつながります。

なるほど。テレビで頻繁に報道されると，それがよくおこることだと思ってしまいがち，ということですね。

そうです。

また，ネットメディアの多くは「あなたの興味」にもとづいて記事が表示されます。そうすると，結果的には似たようなニュースを何度も目にすることになり，「最近は○○が多い」という印象につながります。

たしかに「○○さんにおすすめのニュース」とか「類似のニュース」とか，いろいろ出てきますね。

同じように，多くの人が利用しているSNSは，似た趣味や考え方の人が集まるしくみになっています。

ですから，**自分が発言したことに対して似た意見が返ってくることが多く，そのため，そのような意見が主流であるかのように錯覚してしまうことがあります。**

このような心理は，閉じた空間で音が反響していることになぞらえて**エコーチェンバー現象**といわれています。

なるほど。自分の好きなことや興味のあるフォロワー同士で完結している世界なわけですからね。

ポイント！

エコーチェンバー現象

　ソーシャルメディアでは，価値観や興味が共通するユーザーをフォローしていくしくみのため，ソーシャルメディアの中で意見をすると，まるで閉じた空間の中で音が反響するように，自分と似た意見が返ってくる。

　その結果，自分の意見や考えが主流のもので，正解であるかのごとく勘ちがいする。

そうなんです。ですから，**ネットやメディアでよく目に
することだからといって，それが本当にひんぱんにおき
ているわけではないし，よく耳にする意見が世間一般の
意見であるとは限らない，ということを肝に銘じておく
ことが大事です。**

人の心理って，簡単にメディアの影響を受けてしまうん
ですね。
自分自身をしっかりもつことがたいせつな気がします。

無意識が影響する集団と人間関係

STEP 2

要注意！ 対人関係が悪化する論法

話し合いや議論の中でも認知バイアスの影響があらわれることがあります。対話における「ずれ」は，ときとして人間関係を悪化させることもあるので，注意が必要です。

相手が攻撃しているのは「わら人形」かもしれない

 先生！ ちょっと聞いてほしいんですけど……。もう参っちゃいましたよ。

 どうしました？

 この間，同僚たちと久しぶりにランチに行ったんです。最近やっと複数での食事が解禁になったので，久しぶりににぎやかだったんですよ。
そこに，最近パートで入ってきたA美さんもいたんです。A美さんには幼稚園に行きはじめたお子さんがいるそうで，小学生の子どもがいる同僚のB子さんとA美さんが，子育ての話で盛り上がっていたんです。

 なるほど。

そこまではよかったんです。
でも途中で何かの話の流れで，Ｂ子さんが「Ａ美ちゃんが住んでるあたりは大通りが多いから，子どもを外で遊ばせるのは危ないね」みたいなことを言ったんですよ。そしたらですよ，Ａ美さんがものすごい反論しはじめて。

おやおや。

「Ｂ子さん，子どもが外で遊ぶのはやめた方がいいって言いますけど，私は反対です！　だって，子どもが屋外で思い切り身体を動かして遊ぶのは，身体が成長するためには，すごく大事なことじゃないですか？　子どもを家の中に閉じこめて遊ばせるなんて，そんなのかわいそうすぎません？」って。

それは大変ですね。

Ｂ子さんも驚いて思わず「ゴメン」って言ったんですけど，何だかちょっとピリピリしちゃったんですよ。
いやぁこわかったな〜！

まあ，子育ての話題はむずかしいですからねえ。
Ａ美さんとＢ子さんの主張は，それぞれまちがっていないんですよね。
しかしこの場合，Ｂ子さんの考えに対して，Ａ美さんの意見はちょっと論点がずれているようです。

論点がずれている……？

はい。B子さんは，子どもが外で遊ぶのが「**危険かどうか**」という点について意見を言っています。
一方，それに対してA美さんは，子どもが外で遊ぶことを「**禁止するべきかどうか**」という意見を言っています。

B子さん

A美さん

B子さんは，「車通りの多い道路もあるし，子供が屋外で遊ぶのは危険だ」という主張をしています。それに対してA美さんは，「子供を家に閉じこめておくのはかわいそうだ」と反論しています。B子さんの論点とA美さんの論点は，ずれてしまっており，議論がかみ合っていません。

たしかにそうですね。B子さんは「車が多いし，子どもが外で遊ぶのは危ない」と言っているのに対して，A美さんは「子どもを家に閉じこめるなんてかわいそう」って言ってましたね。

そうなんです。こんなふうに，もとの主張から論点がずれてしまうと，かみ合った議論にはなりません。
また，A美さんは，B子さんがあたかも「家に閉じこめるべき」と，極端な主張をしたかのようにも言っていますね。

どうしたらよかったんでしょう。

A美さんがB子さんに，「自宅近くが安全ではない場合，どうやって遊ぶのがベストでしょうね」とか「外で安全に遊ぶにはどうしたらいいか」と発言したらよかったと思いますね。

たしかにA美さんの発言は，ずいぶん論点がずれていたように思いますね。

A美さんのような発言のしかたは**わら人形論法**，あるいはストローマン手法といって，**相手の主張をゆがめて解釈し，その主張に対して攻撃するという，一つの手法なんです。**

えっ！　"わら人形"だなんて，何の呪いですか！

ここでいう"わら人形"とは，相手の主張をゆがめてつくりだした，攻撃しやすい架空の主張のことです。
A美さんは，B子さんの「子どもが車の多い屋外で遊ぶのは危険」という主張をゆがめて，「子どもが外で遊ぶのを禁止すべき」という架空の主張をつくりだしたんですね。

 なるほど。

 そして，その架空の主張に対して，「外遊びは子どもの発達においていい影響がある」と反論しました。
さらに「子どもは家の中に閉じこめておくべき」という主張もつくりだして，「子どもがかわいそう」という反論もしたのです。

 自分で次々に架空の主張をつくり上げて，それに対して攻撃していたんですね！

ポイント！

わら人形論法
相手の主張をゆがめて解釈して架空の主張をつくりだし，その架空の主張に対して攻撃をすること。

ええ。テレビやインターネットで拡散されている情報の中には，誰かの発言の一部だけを切りとって，拡大解釈されたものが少なくありません。

何も知らずにそれを見ると，発言の意図を曲解してしまう可能性があり，意図せずに「わら人形論法」におちいってしまうこともあります。

いやあ，一歩まちがえるとおそろしいことになってしまうんですね。

そうですよ。今はSNSを使って顔の見えない個人が自由に意見を発信できる時代です。
何かに意見をしたり批判をしたりするときには，元の主張が正しく引用されたものかどうか，慎重に吟味する必要があります。

B子さんの本来の主張
子供が屋外で遊ぶのは車が多くて危ない

→

ゆがめられたA美さんの主張（わら人形）
子供が屋外で遊ぶのを禁止すべき

B子さん

A美さん

B子さんの本来の主張は「子供が屋外で遊ぶのは車が多くて危ない」というものでしたが，A美さんは，その内容を「子供が屋外で遊ぶのを禁止すべき」とゆがめて解釈しました。攻撃しやすい内容にゆがめられたA美さんの主張を，比喩的に「わら人形」とよびます。A美さんはこのわら人形に対して攻撃しており，この手法を「わら人形論法」といいます。

そうですね。A美さんは意図的に攻撃したわけじゃないと思うから，仲よくしてくれるといいんだけどな……。また今度ランチに誘ってみよう。

人格攻撃にも利用される「お前だって論法」

今お話しした「わら人形論法」と同様に，相手を不当に攻撃するときに使われるのが**お前だって論法**です。偽善の抗弁ともいいます。

お前だって論法？　面白い名前ですね。
どういう論法なんですか？

相手の主張を貶めるために，相手がその主張に沿った振る舞いをしていないと非難する論法のことです。
たとえば，大事な約束を破ったことをC男さんに非難されたD男さんが，「お前だってこの間約束破っただろ」と言い返すのが「お前だって論法」です。

あーわかる！
仕事でミスしたときに上司に叱られたんですけど，昔，上司も似たようなミスをしていたんで，叱られている間，ずっと悶々としていましたよ。まぁ，私は大人なんで，どうにか飲み込みましたが。

フフフ。
これとよく似た「あいつだってやってるじゃないか」という言い訳も，誰もがどこかで耳にしていることでしょう。

子供みたいですが，たしかに私も使っているな〜。

自分に落ち度があるのに，それを認めずにこのような論法をつかうと，相手や第三者に注目がいき，論点が発散してしまいます。さらに，相手の人格否定などにもつながるので，要注意です。

C男さん

D男さん

C男さんに約束を破ったことを指摘されたD男さんが「お前だってこの間約束を破っただろ」と反論しています。この手法は落ち度を指摘されたときに，論点をそらす方法としてよく用いられ，人格攻撃にもつながります。「あいつだって」などと他人の話をもちだして，さらに論点をそらす方法もあります。

子どものケンカならカワイイですけどねえ。

こんなふうに，論点をすりかえて攻撃する手法はいろいろあります。いくつかご紹介しておきましょう。

たとえば**トーンポリシング**という手法は，相手の主張の中身にはふれず，その口調（トーン）を取り締まること（ポリシング）をいいます。

取り締まることは「ポリシング」というんですね。

そうです。

これは，相手の口調や論調を非難することを意味します。たとえば，怒りをあらわにして声高に主張している人に対して，「そんなに感情的に主張すると，誰も話を聞いてくれないよ」などとなだめるのは，典型的なトーンポリシングです。

Eさん　　　Fさん

Eさんは，差別に対して強い怒りをあらわしています。それに対して，Fさんは「そんないい方じゃ誰も聞いてくれないよ」などとなだめています。このように，主張する際の口調などを注意することを「トーンポリシング」といい，主張の中身から論点をすりかえるためによく使われます。

うわっ，頭にくるやつですね。

この場合，「主張の中身は妥当か」という論点が，「主張の方法は適切か」という論法にすりかえられてしまうわけですね。

腹立つな〜！

それから，**権威に訴える論証**というものもあります。
これは，主張の正しさの理由を権威に頼る方法です。
主張の中身ではなく，主張している人の地位や業績，人間性を説明するような手法です。

Gさんは，H博士の地位や業績などを称賛しています。しかし権威は，その人の主張の信頼性に対する直接的な根拠にはならないので，権威に訴える論証は誤っています。論点を「その人の主張の正しさ」という点から，「その人がいかにすぐれた人か」という点にすりかえる際に使われることもあります。

ああ，これはわかりやすいですね。

人は，根拠があいまいでも，権威のある人の言葉は受け入れやすい傾向があるのです。ですから，権威に訴えられて論点がすりかわったとしても，それに気づきにくいのです。そして最後にご紹介するのは**ご飯論法**です。

ご，ご飯論法!?

ええ。これは政治家の答弁を形容する言葉として生まれたもので，2018年にユーキャン新語・流行語大賞のトップ10にも選ばれて，話題になりました。

いったいどんな論法なんですか？

たとえば相手に「朝ご飯は食べましたか？」と質問するとします。すると相手は「パンは食べたが，白米（ご飯）は食べていない」と答えます。
つまり，朝食という意味の「ご飯」を，あえて「白米」（ご飯）というせまい意味にとらえることによって，朝食は食べたにもかかわらず食べていない，というふうに答えるわけですね。つまり，**質問の意味を意図的に曲解することで論点をすりかえ，回答をはぐらかす手法です。**

あ〜！　すごくずるい論法ですね。

このような論点のすりかえにはほかにもさまざまな手法があり，意図的かそうでないかにかかわらず，あらゆる場面で使われています。

いつのまにか言いくるめられていたり相手のペースになっていたら，論点がずれていないかどうか，いったん考えなおしてみるといいでしょう。

「今朝，朝ご飯を食べましたか？」と聞かれた人が，朝ご飯という言葉を故意にせまくとらえ，（パンは食べたが）「ご飯（白米）は食べていない」と答えています。発言自体はうそではありませんが，もともとの質問をはぐらかすような不誠実な受け答えを「ご飯論法」といいます。

そうですね。言い返せるかどうかは自信がありませんが，こんな手法があるとわかっているだけでもちがうかもしれません。

私は口が達者ではないので，つい「お，お前だって！」と言ってしまいそうですが……。

たしかに「お前だって」は，とっさに出てしまいがちですね。しかし，意見を戦わせるようなときは，根拠なく誰かを攻撃してしまっていないか，自分自身に対しても注意が必要です。

同じことをいっているだけなのに，なぜか説得される

理由になっていない理由でも，何となく相手の言っていることに納得してしまうようなことは，経験したことがないでしょうか。

たとえば，A男さんとB男さんが待ち合わせをしていて，Aさんが遅刻してきたとします。次の会話を見てみてください。

A：遅くなってゴメン！　渋滞に巻きこまれちゃって。
B：お前の言うことは信用できないからな〜。
A：なんで信用できない？
B：お前，ウソつきそうだから。
A：なんでウソだと思うんだ？
B：お前，信用ならない性格だから。

自分がA男だったら，すごくへこみそうです。

この会話のB男さんの発言に注目してください。
「お前，信用ならない性格だから」という最後の発言は，
「お前の言うことは信用できないからな～」という最初の
発言とほぼ同じですよね。

 たしかに，そうですね。

 つまり，B男さんの主張は堂々めぐりをしているわけで
す。
一見，A男さんが信用ならないことに対する説明をして
いるように見えますが，「なぜA男さんを信用できないの
か」に対する答えは，のべられていません。
このような論法を循環論法といいます。

 うわ～！ そんな論法あったのか。

この論法は，結論ありき（この場合は，「Ａ男さんが信用ならない」）の場合にしばしば見られます。

うーん。何だかとらえどころのない論法ですねえ。

明確な理由をのべていないのに，何となく納得してしまうわけですから，要注意です。

でも，人はときとして，理由になっていない理由でも納得してしまうような傾向があるんですね。このことは，実験でも証明されているんですよ。

ほんとうですか!?

はい。この実験は，アメリカの心理学者**エレン・ランガー**らが行ったものです。

実験のしかけ人は，コピー機の順番待ちの列の先頭に行き，次の3通りの方法で，先にコピーをとらせてもらえないかを頼み，承諾率のちがいを調べたのです。

①（理由を言わずに頼む）
5枚なのですが，先にコピーをとらせてもらえませんか？

②（正当な理由を言って頼む）
5枚なのですが，"急いでいるので"先にコピーをとらせてもらえませんか？

③（堂々めぐりをする理由を言って頼む）
5枚なのですが，"コピーをとらなければならないので"先にコピーをとらせてもらえませんか？

②はともかく，何ですか①と③は。
理由もはっきり言わずに先にコピーをとらせてなんて，
世の中そんなに甘くない！

フフフ，おかしいですよね。③の理由は一見もっともら
しく聞こえますが，理由になっていないですよね。
実験の結果，①の承諾率は60％でした。

ほぉ。意外とみんなやさしいんですね。

つづいて②の承諾率は，94％でした。
まあ，これは妥当ですよね。

まぁ，急いでいるならしょうがないか，という気持ちに
なります。

そして③の場合，承諾率は93％でした。これは，②の正
当な理由を言ったときの承諾率とほぼ同じですね。

えぇー！　なぜ？

つまり，堂々めぐりをしてしまうような論理でたのんだ
場合でも，つい納得して順番をゆずってしまったわけで
す。まあ，コピー5枚程度のお話ですけれども。
実際，コピー枚数を5枚から20枚に変更して実験したら，
②の承諾率が42％と高く，③の承諾率は①と同程度に低
かった（ともに24％）のです。

へえ～っ！ 不思議ですねえ。何だかフワフワと相手の術中にはまってしまうような……。

 なお，この実験結果は，相手からのはたらきかけによって，深く考えることなしに行動をおこしてしまう現象だとも解釈できます。これは**カチッサー効果**と呼ばれています。

ポイント！

循環論法

論証しなくてはいけない事柄が，その論証の根拠（前提）となってしまっている論法。

白か黒かだけではない「二分法の誤謬」

 この間，実家の母から「ちょっと相談なんだけど」って，電話がかかってきたんです。ふだんめったに電話なんかかけてこないんですけど。

 おや，どうかされましたか？

 聞けば，実家の近所に，割と大きなマンションの建設計画がもち上がっているらしいんです。
なんでも1階には大きなスーパーが入る予定だそうで，便利になるから，うちの両親はどちらかというと喜んでるみたいなんです。

 ほお。お買い物が便利になるのはよいですよね。

 ええ。ところが，当然のことながら大反対する人たちもいて，今町内会が真っ二つになってしまってるらしいんですよ。
しかも，うちの父のカラオケ仲間のおじさんが建設反対派の代表になったそうで，「反対か賛成か，アンタはどっちなんだ」って，署名板をもってせまってくるらしいんです。

 それは困りましたねえ。

日あたりに影響が出るお家もあるし，建設中は騒音も出るし，多少なりとも景観も損なわれますし。

でもご両親としては，別に反対ではないと。

ええ。でも反対派のおじさんにとっては，うちの親みたいな「どっちでもいい」スタンスはありえないみたいで……。二択をせまられて，困って相談してきたんですよ。

なるほど。でもこの場合，もっと柔軟に考えた方がよいでしょうね。
皆さんの選択肢は「賛成か反対か」の二択ではなく，次のように**四つの選択肢**を考えることができます。

	建設に反対しない	建設に反対する
建設に賛成する	選択肢1：建設に賛成	選択肢3：建設計画の変更を希望
建設に賛成しない	選択肢2：どちらでもない	選択肢4：建設に反対

イラストのように，**「建設に賛成する／しない」「建設に反対する／しない」のそれぞれを組み合わせた，四つの選択肢が考えられます。**
まず，選択肢1と選択肢4は，それぞれ**「賛成する，かつ反対しない」**と**「賛成しない，かつ反対する」**で，皆さんが最初に認識する選択肢です。

 つまり「賛成か反対か」ということですね。私の地元の町内会では，この二つの選択肢しか考慮されていないわけですね。

 そうです。でも，ほかにも選択肢はありえます。
まず選択肢2は，**「賛成しない，かつ反対しない」**です。マンションの建設にはあまり関心がなく，「どちらでもない」場合はこれにあてはまります。

 なるほど……。

 選択肢3は，**「賛成する，かつ反対する」**です。一見矛盾しているようですが，「建設自体には賛成でも，計画の内容には反対」という場合もあります。たとえば，ビルを低くすれば建設を中止しなくても日当たりの問題が解決できる可能性もあるのです。

 うちの親は無関心ではないけど，どれかといわれれば選択肢2に入るのかな……。
でも，「どちらでもいい」という態度も，ちゃんとした選択肢のうちの一つなんですね。それにおじさんだって，もしかしたら選択肢3かもしれないし。

その通りです。**何かを選ばなくてはならないとき，私たちは二者択一しかないと思いこんでしまいがちです。でも実際はそうとはかぎらないのです。**

何らかの選択をする際には，「それ以外の選択肢がないか」を考えることが重要です。

そうなんですね！　さっそく親に電話してみます。

ポイント！

二分法の誤謬

実際には二つ以上の選択肢があるのに，「AかBか」の二者択一であるように思いこんでしまうこと。

無意識が影響する集団と人間関係

STEP 3
「集団」が生みだす さまざまな心理

集団に入ると，一人のときとは別な行動をとってしまうといったことは，誰もが経験していることでしょう。人は集団になると，どのようなバイアスがはたらくのでしょうか？

自分が属さない集団の人は，みな同じに見える

ここまでは，個人対個人といったような，人間関係にかかわる認知バイアスについてお話ししました。ここからは，集団にかかわるバイアスについて見ていきましょう。

はい。

STEP1でも少し触れましたが，私たちは国や組織，年齢や性別など，集団ごとに分類しがちです。

社会的カテゴリーというものでしたね。

そうです。このとき，自分が属している集団を内集団，自分が属していない集団のことを外集団といいます。そして私たちは，内集団には多様な人物がいると思う一方で，外集団の人物は皆，似たような特徴をもった人ばかりだと認識する傾向があります。

そんなふうに，外集団の人物を，皆似た特徴のように認識する傾向のことを**外集団同質性バイアス**といいます。

ポイント！

外集団同質性バイアス
外集団の人物は皆，似たような特徴をもった
人ばかりだと認識する傾向のこと。

外集団同質性バイアス……。

たとえば外国の人から「日本人は勤勉だ」といわれたとします。でも，日本人だっていろいろな人がいて，勤勉な人もいるし，そうではない人もいると思うでしょう？

そうですね。いっしょくたにしないでもらいたい！　と思ってしまうかもしれません。

でも一方で，外国人に対しては，画一的な印象をいだいてはいませんか？

たしかに……。「イタリア人は陽気」とか，「ドイツ人はビール好き」とか，「フランス人は恋愛上手」とか。

そうでしょう。でも，物静かなイタリア人もいるでしょうし，ビールが苦手なドイツ人や，恋愛に奥手なフランス人だっていることでしょう。

いわれてみれば，当然そうですよね。

また，外国の映画などを観ているとき，登場人物の顔の区別がなかなかつかないことはありませんか？　とくに，ほとんどの登場人物が軍服などの制服を着ているような映画とか。

ああ，よくあります！
海外の映画を見ていると，名前と顔が一致せずにストーリーがよくわからなくなるんですよね……。

そのような傾向は，邦画よりも外国映画のほうがより顕著に実感することでしょう。
また，スポーツ観戦でも同様に，海外の選手は顔と名前がなかなか一致せず，背番号などで区別することもあるかもしれません。

まったくその通りです。よく知らない海外の選手はみんな同じに見えます。

人は，自人種の顔のほうが記憶しやすく，他人種の顔は同じように見えて，うまく区別できないことが知られています。こうした傾向は**他人種効果**といわれ，外集団同質性バイアスの一種だと考えられています。

ポイント！

他人種効果
自人種の顔のほうが記憶しやすく，他人種の顔は同じように見えて，うまく区別できない傾向のこと。

なるほど。単に自分の記憶力のせいかと思っていましたが，そういうバイアスが関係していたのですね。

自分が属していない集団を均質化してしまうことは，誰にでもあることです。**しかし，外集団を同質なものとみなしてしまうことは，偏見や差別につながりかねません。**外集団の人たちも，自分たちと同じように個性的であることに注意する必要があるでしょう。

自国チームの勝利は実力，相手チームの勝利は運？

先ほどお話しした，内集団と外集団に関連したバイアスをもう一つご紹介しましょう。
たとえばスポーツ観戦をしているとします。自分が応援しているチームが負けると，「日程を決める抽選運が悪かった」「審判との相性が悪かった」「急に風が吹いた」などと，運や状況のせいにしがちではないでしょうか。

思いこみというか，実際に，私の応援している野球チームは，いつも審判の判定がきびしい気がしています。
エースがいいコースにボールを投げても，いつもボール判定なんですよ〜。そのせいで負けることがしょっちゅうです。

ははは。
では，応援しているチームが勝ったときは，どのように思いますか？

当然，実力が上だから勝つんですよ！

でも，ライバルチームが勝利すると，「今回は運がよかっただけ」などと感じませんか？

たしかに，応援しているチームが勝ったときと，ライバルチームが勝ったときとでは，感じ方が微妙にちがうかもしれません。

この場合，応援しているチームは内集団，ライバルチームは外集団です。
私たちは，内集団が成功したときは，能力や努力（内的要因）があったから，失敗したときは状況（外的要因）のせいであると考え，外集団の成功・失敗の原因については，その逆のように感じる傾向があります。
これを，**究極的な帰属の誤り**といいます。

ポイント！

究極的な帰属の誤り

内集団が成功したときは，能力や努力（内的要因）の結果であり，失敗したときは状況（外的要因）のせいであると考え，外集団の成功・失敗の原因については，その逆のように感じること。

「帰属の誤り」ってどういうことでしょうか？

心理学では，帰属とは，ある出来事や行動について，その原因を説明しようとする心理的なプロセスのことを指します。

じゃあ，帰属の誤りということは，原因の解釈がややずれてるということですかね。身びいきみたいな感情ですか？

そうですね，応援しているチームが勝った原因を帰属させることによって，内集団は外集団よりもすぐれているとみなすことができます。

そうすると結果的に，その集団に属している自分自身のプライドやアイデンティティを維持することができると考えられています。

なるほど……。

内集団と外集団の境界はあいまいで，主観的なものです。たとえばスポーツ観戦をしている人たちは，応援しているチームによって集団が分かれます。一方で，そのスポーツに関心のない人にとって，すべてのチームは外集団です。
人はそのときどきに応じて，内集団と外集団の線引きをして，内集団に都合のよい帰属をしているのです。

他者の行動に合わせたくなるのはなぜか

昨今のコロナ禍では，「自粛をするかしないか」とか，「マスクをつけるかつけないか」といったことがよく話題になりましたね。

はい。
まわりの人を見て，マスクをつけるか外すかを決めていました。
やっぱりまわりの人の目が気になりますし……。

それもバイアスに影響を受けた行動といえるかもしれません。

 たとえば，あなたが町を歩いているときに，空を見上げている人がいるとします。
見上げているのが一人ならともかくも，数人が見上げているとすると，何があるのだろうとあなたも空を見上げませんか？

 それはあります。皆さんの行動が気になり，私も空を見上げてしまいます。

 そうですよね。
「何で多くの人が空を見上げているのだろう。何か興味深いものでもあるのだろうか」などと考えてしまいますよね。
このように，自分の行動を，他者の行動に合わせようとする傾向のことを**同調バイアス**と言います。

235

すごくわかります！
何だか，ついつい人と同じような行動をしてしまいます。
人って，なぜそんな心理になるんでしょう。

同調バイアスは，さまざまな原因によって生じます。
一つは，他者の行動を判断の指標として利用するためです。
たとえば，コロナが感染症5類に移行した後にマスクをつけるかどうかの判断根拠となります。すなわち，はじめての場所に行ったときに，その場にいる他の人がマスクをつけているので，自分もマスクをつけようという判断の指標をあたえます。

そうですね。

また，お店のサービスについてユーザーがレビューを書きこむレビューサイトでは，評価が明確に数値化されているのが一般的です。このようなレビューサイトで自分も行ったお店の評価をしようと思ったとき，そのお店に対して既に高評価の票が多く入っていると，自分ではいまひとつだなと思っても，ついつい高評価を入れてしまうことがあるかと思います。これは同調バイアスによるものだと考えられます。
人々がこの数値を基準にしてお店や商品を評価するのは，その数値を判断の指標の一つと見なしているからです。

なるほど。

もう一つの原因は，自分だけ他者とちがう行動をとることをさけようとするためです。
たとえば会社で，今日一日のやるべき作業が終わったのに，オフィスの人が誰も帰らないので帰りにくい，といった経験はありませんか？

あ，ありますね……。ついつい無駄にエクセルファイルを閉じたり開いたりして，ほかの人が帰るまで，タイミングをうかがってしまいます。

これこそがいわゆる同調圧力です。
同調圧力は，誰かが意図的に圧力を加えているのではなくて，集団の中で自然に発生します。

なぜそんなバイアスが発生するんでしょう？

先ほど説明した通り，同調バイアスは，判断の際に他者の意見を参考にするという情報的影響と，集団の秩序や規律を守ったりするためという規範的影響によって生じると考えられています。
とくに，集団と個人の結びつきが強い，つまり集団的凝集性が高い集団で同調バイアスが生じやすいと言われています。

同調というのは，必ずしも悪いことではないんですね。

そうですよ。一方で，他者の行動にとらわれて，物事の正しさや価値を自分自身で判断できなくなってしまうという問題もあります。

たとえばYouTubeの動画を見て，自分はいいと思ったのに，「いいね」（高評価）の数が少なかったり，批判的なコメントが多かったりすると，だんだんと他者の評価に左右されて面白く感じられなくなってしまう，といったことがあるかもしれません。

あっ，自分は面白いと思った映画のレビューを見ると，いまひとつで，結局自分の中でも，その映画がいまひとつだったと感じるようになったことがあります。

他者の評価ももちろん大事です。でも自分の考えも，それと同じくらい大事にすることを忘れないでください。

ポイント！

同調バイアス
　自分の行動を，他者の行動に合わせようとする傾向のこと。

同調バイアス実験

誰かが空を見上げると，人は真似をして空を
見上げる⁉

1968 年，アメリカの心理学者スタンレー・ミルグラム
（1933 ～ 1984）は，しかけ人が繁華街の歩道で立
ち止まり，反対側のビルの 6 階の窓を見上げたまま 1
分間立ちつづけると，何人の人が同調して立ち止ま
り，一緒に見上げるかを観察しました。
通行人の数は 1424 人で，実験の結果，しかけ人が
1 人だと通行人の 4% しか立ち止まらず，しかけ人が
15 人になると，通行人の 40% が立ち止まりました。
一方，空を見上げた人は，サクラが 1 人のとき 42%
で，サクラが 15 人になると 86% にものぼりました。

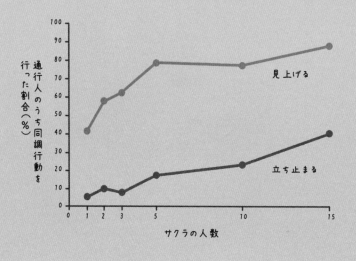

集団の意見に合わせてしまう理由

誰も帰らないから，自分だけ先に帰りづらいなどのほかにも，たとえば「先輩よりも先に帰ってはいけない」といったような，誰も口にしないのにその場にいる人たちの間で了承されるなどの，いわゆる**暗黙のルール**が，社会にはたくさん存在します。

暗黙のルール，いろいろありましたねえ。「電話は新人がとる」とか「上司の誘いは断るな」とか……。

そうした「暗黙のルール」も，同調圧力によるものです。

ここでは，同調圧力によって周囲に合わせた行動をとってしまう様子を示した実験についてご紹介しましょう。

アメリカの心理学者ソロモン・アッシュ（1907〜1996）は，同調がおきやすい条件を調べるために，次のような実験を行いました。

参加者には，まず基準となる線と，それと同じ長さを含む，長さがことなる3本の線を見せます。

そして，参加者には，3本の線のうち，どれが基準の線と同じ長さかを答えてもらうのです。

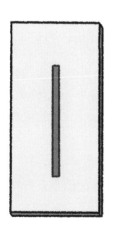

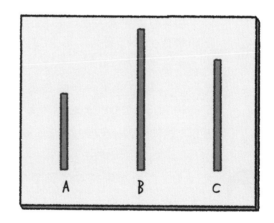

すごく簡単ですね。まちがいなくＣでしょう。

そうですよね。この実験は，参加者が一人ずつ個別に行ったときは，正解率はほぼ100％でした。

そうですよね。まちがえようがないですもん。

次に，今度はあらかじめまちがった回答をするように指示されたしかけ人の集団（７名）に参加させ，まちがった回答をさせてから参加者に答えを聞きました。しかけ人のうちの６人が先に回答し，参加者は常に最後から２番目に回答するように指示されました。
実験は参加者１人につき18回おこなわれ，そのうち12回でしかけ人はまちがった回答をしました。
その結果，参加者は，しかけ人がまちがった回答をしたもののうち37％で，しかけ人と同じまちがった回答をしてしまったのです。一度もまちがえなかった参加者は，全体の25％にすぎませんでした。つまり，**75％**の参加者が「同調圧力」を受けたといえます。

えっ！　こんな単純な問題でさえ，つられてまちがえてしまうんですか。

そうなんです。実験では，同調する条件と同調しない条件についての検討がおこなわれました。

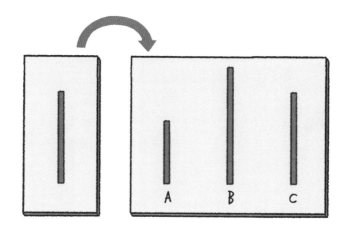

その結果，「一人だけ逸脱したくなかったから集団に従った」という心理や，「おろかだと見なされたくなかった」という心理がはたらくことによって，同調が生じていると考えられたのです。

なるほど……人って，多数派を前に自分一人だけという状況になると，とてつもなく不安定になってしまうんですねえ。

244

少数でも「一貫した人」には合わせることがある

 先生, 人が, どうしても多数派に同調してしまいがちということがよくわかりました。逆に, 集団に同調せずに生きていくことなんてできるのでしょうか!?

 実際に少数派が多数派に影響をあたえうるのか, という実験も行われているんですよ。

 その実験, すごく気になります!

 この実験は, フランスの心理学者**セルジュ・モスコビッチ**(1925〜2014)が1969年に行った, **ブルー・グリーン・パラダイム実験**とよばれるものです。
モスコビッチは, 集団が多数派の意見に同調するばかりでは, 社会に変化はおこりえないのではないかと考えたんです。
そこで, 社会や集団の中では少数派が多数派に影響をおよぼし, 多数派の行動や態度を変化させる場合もあるのではないかと仮説をたて, 実験を行いました。

 いったいどんな実験なんでしょう。

 まず, 明るさのことなる6種類の青色のスライドを用意し, これらのスライドについて, その色が何色かを判断して回答させるもので, 実験参加者6名のうち, 2名のしかけ人がいる場合といない場合とで, 回答に変化があるかどうかを調べたのです。

今度はしかけ人のほうが少数なんですね。

そうです。2名のしかけ人は，特定のスライドに対して，
必ず「緑」と答えるように指示されています。
そのようなしかけ人がいるグループでは，しかけ人の回
答に影響を受けて，そのスライドの色を緑と回答した参
加者が8.42％にのぼりました。

それは高いんですか？

はい。しかけ人がいないグループでは，同じスライドに
対して緑と回答した参加者は0.25％と，ほとんどいな
かったんです。

なるほど。先入観なくそのスライドを見れば，明らかに
青なわけなんですね。

ええ。
さらに，しかけ人が特定のスライドに対して「緑」と回答
したグループの参加者たちの色覚検査も行われました。
すると，そのグループの参加者は，緑色だと感じる範囲が，
平均して青色側に拡大していたことがわかったのです。
つまり，しかけ人に同調せずにスライドの色を「青」と答
えつづけた人までもが，しかけ人の影響を受けて，色の
感じ方が変化してしまっていたのです。

サクラがいる場合

6名中2名は、特定のスライドに対して必ず「緑」と答えるサクラです。その場合、同じスライドの色を「緑」と答える参加者の割合は8.42%にのぼりました。

被験者（自由に回答）　被験者（自由に回答）　サクラ（必ず緑と回答）

サクラ（必ず緑と回答）　被験者（自由に回答）　被験者（自由に回答）

サクラがいない場合

6名の回答者の中にサクラがいない状態で回答してもらうと、特定のスライドに対して青色ではなく緑色だと回答した人の割合はわずか0.25%でした。

被験者（自由に回答）　被験者（自由に回答）　被験者（自由に回答）

被験者（自由に回答）　被験者（自由に回答）　被験者（自由に回答）

サクラの影響を受けて、緑色だと思う範囲が拡大

特定のスライドに「緑」と答えるサクラがいないグループの緑色の範囲

特定のスライドに「緑」と答えるサクラがいるグループの緑色の範囲

特定のスライドに対して「緑」と答えるサクラがいるグループで実験に参加した人たちの色覚検査の結果です。特定のスライドに「緑」と答えるサクラがいないグループにくらべて、緑色だと思う範囲が青色側にずれて（緑色と判断する範囲が拡大して）いました。

緑　　　　　　　　　　　　　　　　　　　　青

ええ～っ！？

とんでもない影響力ですね。少数派の何が，ここまで影響をあたえることができたんでしょうか？

そう，そこなんです。

実験ではさらに，しかけ人が「緑」と答えるスライドを，ある特定のスライドではなく，ランダムに変えた場合はどうなるか，も検証されました。

すると，参加者の中には，前の実験でしかけ人が「緑」と答えていたある特定のスライドを「緑」と回答した人はわずかに 1.25 ％だったのです。

どういうことでしょう？

つまり，しかけ人の回答に一貫性がない場合，しかけ人に影響されて「緑」と回答する人は少なかったんです。**モスコビッチはこの結果から，少数派が多数派に影響をおよぼして行動や態度を変えさせるためには，少数派の一貫した態度が必要だと指摘したのです。**

ただし，その後の実験によって，少数派が一貫した態度をもっているだけでは不十分で，同じ集団に属している，つまり内集団の一員だということも必要なことがわかっています。

面白いですね。

ぶれないということが大事なんですね！

STEP 4 集団ならではの「便乗」と「無責任」

集団の中では，協調する必要がある一方で，集団に便乗したり，依存するといった心理もはたらきます。ここでは，そうしたバイアスについて見ていきましょう。

勝ち馬に乗って，自分も勝者になりたい！

先生，集団の中では，無意識のうちに同調バイアスが発動してしまうんですねえ。色の認識まで変わってしまうなんて，衝撃でした。

そうですね。でも，集団においては同調のほかに，まだまだいろいろなバイアスがあるんですよ。
たとえば，「自分がやらなくても誰かやるだろう」とか「とりあえずみんながやってるから自分も」というような，集団に責任転嫁したり，依存してしまうようなことはないでしょうか。

あ，すごくよくあります……。

フフフ，そうでしょう。ここからは，そんな心理について見ていきましょう。

いったいどんなバイアスがあるんでしょう。

たとえば選挙で，ある候補者や政党がメディアで**優勢**と報じられるとします。すると，票がさらに集まりやすくなることがあるんです。

そうなんですか？

はい。
これは，投票する候補者や政党がはっきりしていない有権者が，"勝ち馬"に乗ろうとすることによっておきる現象です。

ええ〜っ!?

ほかにも，ある商品が大人気だとメディアで報じられると，自分も試してみたいと思う人が増えて，その商品が品薄になってしまう，といった現象もあります。

ということは，メディアで「優勢」とか「大人気」とかいえば，票が集まったり，商品が売れたりしてしまうことがありうるわけですか。

そうですよ。

このように，あるものが多くの人に選ばれると，それを選ぶ人がさらに増える現象のことを，バンドワゴン効果といいます。

バンドワゴンとは，パレードを先導する，楽隊を乗せた車のことです。

バンドワゴン効果

あるものが多くの人に選ばれると，それを選ぶ人がさらに増える現象。

大勢集まってる，というだけで人は心が動くんですね。

そうですね。バンドワゴン効果も，同調バイアスと同様に，他者の行動に合わせようとすることから生じると考えられます。**勝ち馬に乗ることで勝者側につけるというメリットがあることも，バンドワゴン効果を促進する要因となりうるのです。**

権威のある人には無条件にしたがってしまう!?

人は，地位や肩書きに弱いものです。たとえば，パッケージに著名な学者が絶賛などと書かれている商品を，信用できるにちがいないと中身を吟味せずに買ってしまったことはありませんか？

それで割と高額なサプリメントを買ってしまったことがあります。

はははは，そうですか。このように，いわゆる権威のある人に指示や説得をされると，無条件に受け入れてしまう傾向があります。これを**権威バイアス**といいます。

ポイント！

権威バイアス
　権威のある人に指示や説得をされると，無条件に受け入れてしまう傾向のこと。

わかりやすいですね。

このバイアスに関して，パーキングメーターの前で小銭がなくて困っている人に小銭をあげるように，実験者が通行人に指示をする，という実験が行われました。

小銭とはいえ，そんなことを知らない人にいわれたら「あなたが貸してあげれば？」って言ってしまいそうですけど……。

そうですよね。ところが，このとき指示する人が警察官とよく似た警備員の制服を着ていると，なんとほとんどの人が指示にしたがったというのです。

へええ〜！　たしかに警察官っぽい人にいわれたらしたがってしまうかも……。

この権威バイアスの研究のきっかけとなったのは，第二次世界大戦中，ナチス・ドイツの**アドルフ・ヒトラー**によって，大量のユダヤ人が収容所に送られ，虐殺された出来事です。
このとき，大虐殺に関与した**アドルフ・アイヒマン**は，「ヒトラーの命令にしたがっただけだ」と，自分の責任を否定したのです。

ひどいですね。

強大な権力の前では，私たちはどんな命令にもしたがってしまうものだろうか？　という疑問をもったのが，アメリカの心理学者**スタンレー・ミルグラム**でした。
そこでミルグラムは，権威への服従について検証するために，次のような実験を行ったのです。

いったいどんな実験でしょう。

実験者（この実験の権威者）は，参加者に「先生役と生徒役に分かれて，先生役は生徒役に記憶のテストをします」と説明します。しかし，実は参加者は全員先生役で，生徒役はしかけ人です。

先生役は実験者から，生徒役（しかけ人）が答えをまちがえたら，罰として電気ショックをあたえるように指示されます。さらに生徒役がまちがえるたびに，電気ショックの電圧を15ボルトずつ上げなければなりません。

えっ！　そんな残酷なことを？

もちろん，実際に電流を流すわけではありません。しかし，しかけ人は電流を流されるたびにわざと悲鳴を上げて，その悲鳴は先生役の参加者にも聞こえてきます。

そんなことやりたくないなあ。

なお，参加者が操作する電源には，15〜450ボルトの電撃のボタンがあり，スイッチの下にはそれぞれの電圧の危険度を示す言葉が記されていました。

ということはつまり，参加者は，「スイッチを押したら生徒役の身が危険な状態になる」ということを理解したうえで実験に参加するということですか。

その通りです。
電撃ボタンが押されるたびに，しかけ人は悲鳴を上げたり気絶したりという演技をつづけます。

そんなの，こわくてボタンなんて押せないでしょう。

ええ。実際に，参加者から途中で「実験をやめるべきではないのか」という意見も出たといいます。
それでも実験者は「実験をつづけるように」という指示を出しつづけるのです。

そんな……。
いったいどんな結果が出たのでしょうか？

なんと，最終的に参加者の65％が，電圧が最大になるまで実験をつづけたというのです。

そんなにですか!?

はい。先生役は，自分の意思で実験を途中で放棄することもできました。しかし，半数以上の参加者が，実験者の指示にしたがって，電流を上げつづけたんです。
ミルグラムはこの実験結果を，「参加者が権威に服従した結果である」と考えました。

おそろしい……。

この実験の参加者たちは，20〜50歳代までのアメリカ人男性で，会社員，博士，教師やエンジニアなど，さまざまな職業の人たちだったそうです。つまり，私たちと同じ，**ごく普通の人たち**だったんです。

ますますおそろしいですね。私たちは誰もが，アイヒマンのように権威に服従して残酷になる可能性があるということでしょうか。

ええ，そういうことになりますね。

人がたくさんいると「傍観者」になる?

つづいて, 人がたくさんいると生じる,「自分じゃなくても誰かがやるだろう」という心理についてご紹介しましょう。
この心理は, 1964年にニューヨークで発生した**事件**(キティ・ジェノヴィース事件)がきっかけで研究されるようになりました。

事件がきっかけですか……。いったいどんな事件だったのですか?

深夜の路上で, 帰宅途中の女性が暴漢に襲われて死亡したのです。当時の新聞によると, 女性が襲われた際, 周辺の38人にものぼる住民が, 悲鳴や物音を聞いていたにもかかわらず, 誰一人として女性を助けに行ったり, 警察に通報したりしなかったというのです。
そのときの悲鳴は30分もつづいたといわれています。

ええっ! そんなことあるんですか?

はい。アメリカの心理学者**ジョン・ダーリー**(1938〜2018)と**ビブ・ラタネ**はこの事件について,「38人もの人がいたからこそ, 誰も助けに行かなかったのではないか」と考えました。

そんな……。
38人もいたからこそ, ってどういうことでしょう。

つまり,「誰かが通報するだろう」「他者と同調することで責任が分散される」「行動を起こしたとき,その結果に対して周囲からネガティブな評価があたえられるかもしれない」という心理がはたらいたわけですね。

このように,周囲に多くの人がいることによって,誰かが手助けをすることが少なくなる傾向を,**傍観者効果**といいます。

ポイント!

傍観者効果

周囲に多くの人がいることによって,誰かが手助けをすることが少なくなる傾向。

たくさんの人がいるからこそ助けてもらえない,ということがあるわけですか……。

はい。ダーリーとラタネは,1970年に,この傍観者心理を確認する実験を行いました。

別件でよびだした実験参加者を部屋に待機させ,待っている部屋の通気口から白煙を流し,その異常事態に対する反応のちがいを調べたのです。

それはまたこわい実験ですね。

そうですね。さらに，参加者が一人でいる状況と，白煙に対して特に反応を示さない人（しかけ人）が二人いる状況の二通りの状況をつくって，実験を行ったのです。

なるほど。

その結果，部屋に一人で待機しているときは，約75％の参加者が別室に異常事態を報告しに行ったのに対し，二人のしかけ人が一緒にいるときは，約12％しか異常事態を報告しに行かなかったのです。

部屋に1人でいる場合

通気口から流れこむ白煙

参加者

異常を報告した人の割合

55%

75%

2分以内 4分以内

異常事態にもかかわらず，ですか。

 はい。周囲に人がいると，自分が感じる責任が小さくなり，「自分が行動しなくても，誰かがやるだろう」と考える**責任の分散**がおこります。
また，「自分の考えはほかの人とはちがうのではないだろうか」「自分の考えがまちがっていたら恥ずかしい」などと，たがいの反応を探り合い，行動をおさえてしまうのです。

部屋に3人でいる場合

通気口から流れこむ白煙

サクラ（異常に気づかないふりをする）

サクラ（異常に気づかないふりをする）

異常を報告した人の割合

12% 12%

参加者

明らかに命にかかわるような異常事態であってもなお，人ってそんな心理がはたらくんですね。

そうですね。傍観者効果も，このような心理がはたらいて引きおこされると考えられています。

集団だと極端な結論がみちびかれやすい

仕事のチームで何か問題がおこったり，何か大きなことを決定しなくてはならないとします。その場合，どうやって解決しようとしますか？

やっぱりまずは会議で問題について話し合って，よりよい解決法を探ったり，方針を決めたりするでしょうね。

ええ，そのように話し合いを行うことは多いと思います。ところが，集団による問題解決法や意思決定が必ずしもうまくいくとは限らない，という例は，社会心理学の研究においてよく報告されています。

えっ，そうなんですか？　みんなで話し合ったほうが，合理的な選択ができそうですけど……。

まず，**集団で行う意思決定は，個人の意思決定よりも極端な結論に至りやすい傾向があります。**
これは集団極性化とよばれています。

ポイント！

集団極性化
　集団で行う意思決定は，個人の意思決定よりも極端な結論に至りやすい。

皆で話し合ったほうが，それぞれの観点からの意見が出て，あらゆる角度から検討できるので，よりよい結論がみちびかれると思っていました。ちがうんですか？

必ずしもそうではないんです。
1961年，アメリカの心理学者ジェームズ・ストーナーは，**失敗するとリスクをともなう意思決定を行う際，集団内の個人がもともともっていた考えの平均よりも，よりリスキーな結論がみちびかれやすいことを発見しました。**
この現象を**リスキーシフト**とよびます。

> **ポイント！**
>
> リスキーシフト
> 　リスクをともなう意思決定を行う際，集団だとよりリスキーな結論がみちびかれやすくなる現象。

てっきり逆だと思っていました！
いったいどんな実験だったんですか？

この実験では，参加者はまず一人ずつ，「失敗すれば命にかかわる危険な手術を受けるかどうか迷っている人に対して，手術の成功率が何％なら受けることをすすめますか？」という質問に回答してもらいます。

命にかかわりますから，リスクはとりたくないですね。

そうですね。次に，今度は六人ずつのグループになって同じ質問に対して議論し，グループとして全員一致の結論を出してもらいます。

なるほど。どうなったんでしょう？

その結果，一人で出した結論は**78％**だったのに対し，6人組の集団で出した結論は**70％**と，一人で判断した場合の平均よりもリスキーなものになったのです。

個人の意見の平均
成功率78%。

集団の結論
成功率70%。

へええ〜！　集団だとむしろ慎重になりそうなものですが……。

そうですよね。また，リスキーシフトとは反対の集団極性化がおきることもわかってきました。

つまり，集団での議論の結果が，個人で下した判断より
も安全で保守的な方向に変化することもあるのです。
この現象を**コーシャスシフト**といいます。コーシャス
とは英語で「慎重な」という意味です。

不思議ですね。今度は正反対。
なぜ，こんな現象がおきるんでしょうか？

コーシャスシフト
　リスクをともなう意思決定を行う際，集団だと
より慎重な結論にみちびかれる現象。

危険な方向にしても，安全な方向にしても，集団で意思
決定を行うとき，もともと優勢だった意見の方向に集団
極性化がおこります。
すると，その集団でみちびかれる結論は，多数派の意見
に引きずられる方向に変化しがちになるのです。

どういうことでしょうか？

つまり，グループ内にリスクをいとわない熱血漢が多ければ，結論はよりリスキーな方向にみちびかれますし，反対に石橋をたたいて渡るタイプの人たちが多ければ，より安全で保守的な結論にみちびかれやすくなるのです。

そういうことですか。

集団内では，先ほど説明した同調バイアスがはたらきやすいです。さらに，他者の多くが自分と同じ意見だと，自分の意見に自信をもち，それがより強化されていくという社会比較が生じます。
集団極性化がおきる原因として，これら同調行動や社会比較が一般的に考えられていますが，これら以外の説も提出されています。

たしかに，そういう心理は納得できます。
これまで，何か重要な問題については，なるべく皆の意見を聞いて決めるべきと思っていましたが，思わぬ落とし穴があるんですねえ。

そうですね。しかし，リスキーシフトはたしかに危険な決断をみちびきがちかもしれませんが，**場合によってはその思い切った決断が，大きな壁を打ち破るきっかけになったりもするのです。**

そういうメリットもあるんですね。

はい。集団で行う決断は，時と場合によってよい方向にも悪い方向にもはたらきます。ですから，その決断を一人で下すのか，集団で話し合って下すべきなのか，一概にどちらがよいとはいえないのです。

なぜ誰も望んでいない旅行に出かけたのか

さて最後に，人は集団になると自分の意思とはことなる行動をとってしまうという傾向についてお話ししましょう。いわゆる「**空気を読む**」というものですね。ここまで紹介してきた同調バイアスや傍観者バイアスも，結局は空気を読んでしまうことからおこります。

私はよく上司に「空気読めよ」って怒られますけどね。

はは。しかし，それぞれが空気を読んだ結果，誰も望んでいない方向に集団が動いてしまうことがあるんです。ここでは，そんなことがおきてしまった家族の例をご紹介しましょう。

いったい何がおきてしまったんでしょう。

ある日，家族4人が夕食を終え，リビングでくつろいでいると，**娘**が「ねえ，明日からの連休，久しぶりに家族で温泉旅行にでも行かない？」といいだしました。

明日ですか。それはまた急ですね。

それを聞いて息子は,「突然何をいいだすんだ？ 連休は友だちとサッカーの約束をしてるし,今さらそれをことわるのもイヤだなぁ」と思いました。

ふむ。息子さんはあまり気乗りしなかったんですね。

ところがそれを聞いた母は,「いいアイデアね。行きましょうよ,ねえお父さん」と言います。

おっ,お母さんは乗り気ですね。

そうですね。そして父も,「そうだね。たまにはみんなで旅行でもいいかもな」と同調します。すると息子も「みんなが行きたいなら仕方ない」と思います。

"同調" したわけですね。

そして翌日,一家は温泉街へと車で出発しました。
ところが連休中の道路は大渋滞で,ようやく到着した宿も料理も,料金の割にはイマイチでした。さらに帰り道も帰宅ラッシュで大渋滞に巻きこまれ,疲れ果てた一家がようやく帰宅できたのは,連休最終日の深夜でした。

さんざんでしたね……。

そうですね。そして，長時間の運転で疲れ切った父が，「連休中は近場で釣りでもしようと思っていたんだよな……」とつぶやきます。

お父さん，ほんとうは旅行には乗り気じゃなかったんだ。

すると母も「あら，私だってデパートのセールに行きたかったわ。だけどみんなが温泉に行きたいのだと思って，賛成したのよ」といいだします。

お母さんも!?

息子もここぞとばかり，「僕だって友だちとサッカーする予定だったんだ」と言います。

息子はもともと乗り気じゃなかったんですよね。

すると娘が，「実は私も，友だちと遊園地に行く計画があったんだけど，たまにはお母さんも家事から解放されたいかと思って提案しただけだったのよ」と言いました。

そんなあ。娘さん自身も別に行きたいわけじゃなかったんですね。それなのに，お母さんのことを思いやった結果……。

そうなんです。つまり，誰一人として温泉旅行に行きたくなかったのに，それぞれが空気を読んだ結果，行きたくない温泉旅行に時間もお金も体力も消耗する結果になってしまったのです。

 このように，集団では，集団の構成員の意思とはまったく別方向へみちびかれることがあるのです。

 相手のためというより，空気を読んだばかりに，こういうことになってしまったんですね。

 はい。実際，このようなパラドックスにおちいっている団体や企業が存在するといわれています。

実際に，会社でも時間もお金も体力も大量に消費しながら，誰も望んでいないマイナス方向に突き進んでしまった経験に思い当たる人も多いのではないでしょうか。

 「空気を読む」って，人間関係においては美徳のようにいわれがちですけど，集団では必ずしもそういうわけではないんですね。やっぱりブレない姿勢は大事なんですね！

無意識が影響する集団と人間関係

5

時間目

数字にまつわる
思いこみや勘ちがい

STEP 1

直感とことなる「確率」や「統計」

もっともらしい数字を出されると，信頼してしまうのではないでしょうか。しかし確率や統計の数字は，直感とことなることもしばしばです。数字に関する思いこみや勘ちがいを紹介します。

5回連続で黒が出たら，次は赤の確率が高い？

ここからは，数にまつわるバイアスについて紹介していきましょう。

確率や統計などで，数値で表現されていると，信用しがちですが，そのような数にまつわる私たちの思いこみや誤解もたくさんあるんですよ。

数ですか……。何だかむずかしそうですね。

まずは簡単なギャンブルを題材にしたものから紹介しましょう。

ある日，ギャンブラーがカジノでルーレットをしていました。そのカジノのルーレットのルールは，玉が赤と黒のどちらのポケットで止まるかを予想して賭けるという単純なものです。

ルーレットには同じ数の赤と黒のポケットがありますから，どちらに賭けても，あたる確率は $\frac{1}{2}$ ＝ 50％です。

 玉が赤と黒のどちらで止まるのかを予想するわけですね！

 そうです。

さて，1ゲーム目の結果は黒でした。そして次の2ゲーム目の結果も黒，3ゲーム目も黒，4ゲーム目も黒，何と5ゲーム目も黒でした。

なお，ギャンブラーは，そのルーレットにイカサマがないことを確認済みです。

さて，あなたは次に赤と黒，どちらに賭けますか？

ルーレットで5回連続で黒が出た！

1 回目	2 回目	3 回目	4 回目	5 回目	6 回目
黒	黒	黒	黒	黒	?

次こそは赤？

うーん，6回連続で黒が出る確率って，とても低いですよね。
ですから，次は赤が出る確率が高いはずです！　だから次は赤に大金をつぎこみます！

そう考えてしまいがちですよね。でも残念ながら，その考え方は誤りです。
赤と黒の出る確率が半々のルーレットであれば，過去の結果に関係なく，いつでも50％の確率で赤が出るからです。
このようなある種の錯覚は，ギャンブラーの誤謬とよばれています。

いやいや，でも，6回連続で黒が出る確率ってすごっく低いはずですよね！
だから，6回目は赤が出る確率のほうが高いはずですよ。

6回連続で黒が出る確率が低いのではないかという感覚は，次のような計算にもとづくものでしょう。

黒が6回連続で出る確率

$$\frac{1}{2} \times \frac{1}{2} \times \frac{1}{2} \times \frac{1}{2} \times \frac{1}{2} \times \frac{1}{2} = \frac{1}{64}$$

ほら，$\frac{1}{64}$ で，かなり低いじゃないですか。

いいえ，この考え方でみちびきだせるのは，あくまでも「6回連続で黒が出る確率」で，「次に黒が出る確率」ではありません。

5回目まで結果が出たあとで，次に黒が出る確率は，赤と同じ50％です。**過去の結果は未来に影響しない**のです。

つまり，「過去の結果が将来の確率に影響を与え，6回目の結果が赤になる確率が高くなるだろう」という推論が，ギャンブラーの誤謬を生んでいます。

ふぅむ。なるほど。

たしかに何度も同じ色が連続して出ると，「次こそは別の色が出るのでは？」という心理がはたらきます。日々の生活においても，あまりに成功ばかりがつづくと「そろそろ失敗するのではないか？」と不安な気持ちになることがあるでしょう。

でもそれは正しいわけではありません。過去の結果は，未来の確率に影響しないのですから。

数多くの数学者さえも悩ませた，直感ではとくに理解しづらい数学の難問があります。
それが**モンティ・ホール問題**です。

もんてぃ・ほーる？

「モンティ・ホール」とは，1960年代にはじまったアメリカのテレビ番組「Let's make a deal」の司会者をつとめた**俳優の名前**です。
司会者と，賞品獲得を目指す挑戦者とのかけ引きが，この問題のもとになっています。

どんな問題なんですか？

挑戦者の前には3枚のドアA，B，Cがあります。どれか一つのドアの後ろには，**豪華な賞品**がかくされていますが，残りの二つのドアはハズレで，開けると**ヤギ**がいます。
司会者は当たりのドアを知っていますが，当然，挑戦者は知りません。挑戦者は当たりを引くためにドアを一つ選びます。

当たる確率は3分の1ってことですね。

そうです。

でも，面白いのはここからです。

挑戦者がドアAを選ぶと，司会者は，残された2枚のうちドアBを開け，それがハズレであることを挑戦者に見せます。ここで司会者は，挑戦者にこうもちかけます。

「はじめに選択したドアAのままでも結構。ですが，ここでドアCに変更してもかまいませんよ」。

さてここで挑戦者は，変更すべきでしょうか，それとも最初の選択のままにするべきでしょうか？

【状況1】挑戦者がドアAを選ぶ

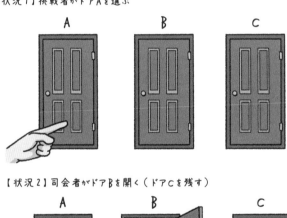

【状況2】司会者がドアBを開く（ドアCを残す）

Bはハズレだから，AかCの2択というわけですね。
Aが当たりである確率は2分の1で，Cが当たる確率も同じく2分の1。変えても変えなくても同じだから……。
もし答えを変えて外れるとすっごくくやしいので，Aのままにすると思います。

ふふふ，現状維持バイアスですね。
同じように考える人は多いでしょう。
しかし，実際は**Cに変更すべき**です。この状況では，Aが当たる確率は3分の1ですが，Cが当たる確率は**3分の2**となる，というのが正しい確率なのです。

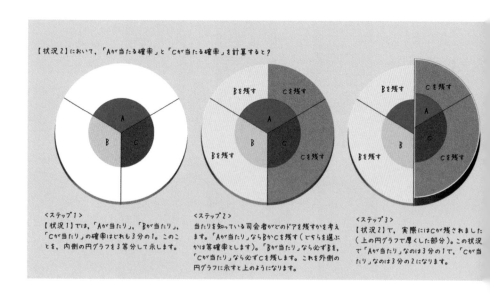

【状況2】において，「Aが当たる確率」と「Cが当たる確率」を計算すると？

<ステップ1>
【状況1】では，「Aが当たり」，「Bが当たり」，「Cが当たり」の確率はどれも3分の1。このことを，内側の円グラフを3等分して示します。

<ステップ2>
当たりを知っている司会者がどのドアを残すかを考えます。「Aが当たり」ならBかCを残す（どちらを選ぶかは等確率とします）。「Bが当たり」なら必ずBを，「Cが当たり」なら必ずCを残します。これを外側の円グラフに示すと上のようになります。

<ステップ3>
【状況2】で，実際にはCが残されました（上の円グラフで厚くした部分）。この状況で「Aが当たり」なのは3分の1で，「Cが当たり」なのは3分の2になります。

えー，そんな。

1990年にアメリカの雑誌『パレード』のコラムでこの問題と答えが紹介された際には，「その答えはまちがいだ」との投書が殺到したといいます。

この問題は，次のように説明されることが多いです。司会者がBを開く前には，Aが当たりである確率は3分の1で，Aがハズレである確率は3分の2。つまり，3分の2の確率で，BかCのどちらかが当たりということです。しかし，今や司会者は，Bがハズレであると教えてくれました。

したがって，3分の2の確率でCが当たりです。

うーん，何とも釈然としない。

では，そんなあなたのために，今度はドアの数を3枚から**5枚**に増やした場合を考えましょう。ドアA〜Eのうち1枚が当たりです。挑戦者がドアAを選ぶと，司会者はドアB，C，Dを次々に開いて見せ，それらがすべてハズレであることを挑戦者に教えます。このとき，最初に選んだAのままが有利か，あるいは開かれずに残ったEに変更したほうが有利か，という問題です。

たしかに，なんとなく，Eの方が有利な気もしないでもないです。

でもよくわかりません。

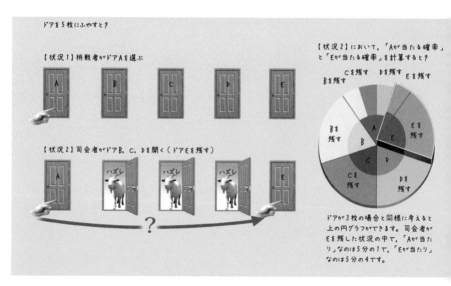

【状況1】挑戦者がドアAを選ぶ

【状況2】司会者がドアB, C, Dを開く（ドアEを残す）

ハズレ ハズレ ハズレ

？

【状況2】において、「Aが当たる確率」と「Eが当たる確率」を計算すると？

Bを残す Cを残す Dを残す Eを残す

Bを残す Cを残す Dを残す Eを残す

ドアが3枚の場合と同様に考えると上の円グラフができます。司会者がEを残した状況の中で、「Aが当たり」なのは5分の1で、「Eが当たり」なのは5分の4です。

じゃあ，もっと極端にして，ドアの数を100万枚に増やして考えてみましょう。

100万枚!?

「100万枚の中から挑戦者が当てずっぽうで選んだ1枚のドア」と，「挑戦者が選ばなかった99万9999枚の中から1枚だけ残されたドア」の二者択一です。
さて，どちらが有利でしょうか？

最初に選ばなかったドアの方が圧倒的に有利ですね！
てか，めちゃくちゃ高い確率で，残されたドアが当たりでしょう。

その通りです。このようにドアをふやして考えると，実感しやすいでしょう。

つまり，モンティ・ホール問題とは，「挑戦者が当てずっぽうで選んだドアが当たりである確率」（＝100万分の1）と，「挑戦者が当てずっぽうで選んだドアがハズレである確率」（＝1-100万分の1）を比較せよという問題なんですね。

たしかに。

モンティ・ホール問題は，自分で実験してみても確認できます。
赤1枚，黒2枚のトランプを使って，モンティ・ホール問題と同じように，赤のカードを当てるゲームを二人組でくりかえしてみましょう。100回ほどくりかえしてデータをとれば，別のカードに変更するときの勝率が，3分の2に近い値になることが確認できるはずです。

実際に実験をして確率を確認することもできるんですね！

モンティ・ホール問題は，直感的には最初に選んだドアと，後から残されたドアのどちらも当たる確率は2分の1のように考えがちです。そのような思いこみがあるため，この問題はとてもむずかしいのです。
実際，雑誌『パレード』に掲載された正解が誤答だと指摘する投書が殺到したといわれていますし，確率の専門家でもまちがえることがあるようです。

確率を使った説明は日常生活でもよく行われます。しかし中には，伝えられた確率と感覚にずれが生じることがあります。ここではそのような例を紹介します。

お願いします！

致死性の高いたちの悪い新型のウイルスが発生し，すでに1万人に1人の割合で感染しているとします。

心配になったあなたは，このウイルスの感染検査を受けにいきました。医者からは「この検査の精度は99%であり，誤った判定が出る可能性はわずか1%です」という説明を受けました。

そしてあなたの検査の結果は，不幸にも陽性でした。

えー，陽性!?

精度は99%と，とても高いわけですから，ウイルスに感染しているのはほぼ確実ってことですね。

そう思ってしまいますよね。

実はそれは有病率を無視した誤った思いこみなんです。**たとえ精度99%の検査で陽性と判定されても，このウイルスに感染している確率はそれほど高くありません。**

どういうことですか？

具体的に考えてみましょう。

たとえば，100万人がこの検査を受けたとします。ウイルスの感染率は1万人に1人なので，100万人の中には100人の感染者がいるということになります。

精度99％の検査は，100人の感染者のうち，平均して99人を，正しく「陽性」と判定し，残りの1人を，誤って「陰性」と判定してしまいます。これを「偽陰性」といいます。

ふむふむ。

100人の感染者のうち，99人が陽性で，1人が陰性だと。

ええ。

一方，100万人の中の非感染者の数は，100万人－100人（感染者）＝99万9900人です。

精度99％の検査は，99万9900人の99％にあたる98万9901人を，正しく「陰性」と判定し，99万9900人の1％にあたる9999人を，誤って「陽性」と判定してしまいます。これを偽陽性といいます。

なかなか複雑ですね。

とにかく，偽陽性の人が意外とたくさんいるんですね。

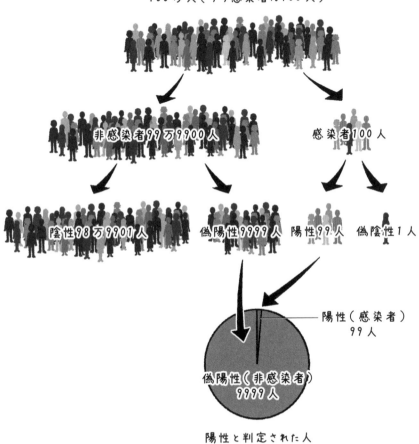

100万人（うち感染者は100人）

非感染者99万9900人

感染者100人

陰性98万9901人

偽陽性9999人

陽性99人

偽陰性1人

陽性（感染者）
99人

偽陽性（非感染者）
9999人

陽性と判定された人
1万98人

その通りなんです。

結局，陽性と判定される人の合計は99人（陽性）＋9999人（偽陽性）＝1万98人です。

しかし，そのうち実際に感染しているのは**99人**にすぎません。これは，陽性と判定された人のわずか1％ほどです。

ほぉ！

つまり，この検査で「陽性」と判定されたとしても，ただちに感染していることを意味するわけでありません。

検査を受ける前には0.01％（1万人に1人）だった確率が，「検査で陽性と判定されたこと」によって，1％（100人に1人）に増加したにすぎないわけです。

また，もし陰性と判定されたとしても，98万9902人に1人（0.0001％）は実際は感染しているということになります。病気の検査で再検査が重要なのは，こうした事情によります。

陽性と判定されても，それほど心配する必要はないんですね。だって，このウイルスの場合は，陽性でも実際に感染している確率はたった1％なんですから。

すっごく意外な感じです。

そうですね。

ただし，偽陽性と判定される人が陽性の人よりも多くなってしまうのは，非常にめずらしい病気，つまり有病率の低い病気の場合です。

もし，半数の人が感染している病気について，精度99％の検査を行うと，疑陽性と判定される人は5000人，ほんとうに陽性の人は49万5000人となり，後者が多数派になります。このとき感染者である確率は99％ということになります。

100万人（うち感染者は50万人）

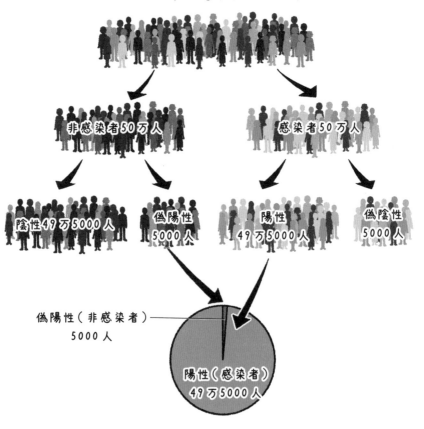

非感染者50万人

感染者50万人

陰性49万5000人

偽陽性
5000人

陽性
49万5000人

偽陰性
5000人

偽陽性（非感染者）
5000人

陽性（感染者）
49万5000人

 同じ精度の検査でも，病気のめずらしさで事情は変わってくるのですね。

はい，そういうことです。
このように正しい確率の知識をもっていないと，ときに大きな勘ちがいをしてしまうことがあるのです。

ビールが売れると水難事故が増える？

ニュースなどでは統計的な調査にもとづいたものも数多くあります。しかし注意しないと，まちがった結論がみちびかれてしまうことがあります。
たとえば，**ビールの販売額が増えると，水難事故の件数が増える**という統計データがあります。このように一方の数が増えるとき（減るとき）に，もう一方の数もそれとともに増える（減る）関係を**相関関係**といいます。ビールの販売額と水難事故の件数との間には相関関係があるわけです。

えっ，ビールがたくさん売れると，水難事故が増えるんですか!?
じゃあ，ビールの販売をひかえれば，水難事故を減らすことができるんですね！

残念，それがおちいりやすい誤解なんです！

へっ？　どういうことですか？

相関関係があると，人はそこに因果関係があると思いがちです。

しかし実際には，相関関係があるからといって，**因果関係**があるとは限らないのです。

因果関係とは「原因」と「結果」のことです。つまり，ビールが売れたから水難事故がおきたわけではないのです。この場合は**気温**という別の原因が，「ビールの販売額」と「水難事故」の双方に影響をあたえていると推測できます。気温が上がったことでビールがよく売れ，海や川で遊ぶ人も増えて水難事故も多くなったのです。

あぁ，なるほど。
ビールが売れることが直接，水難事故の件数に影響していたわけではないのですね。

そうです。
このように二つの事象の間に第三の事象（この例では「気温」）があり，直接の関係がなくても関係があるように見えることを，**疑似相関**といいます。
一見関係なさそうな二つの事象の間に相関関係があるときは，その背後に**真の原因**がないか考えることが重要です。

真の原因ですか，むずかしそうですね。

右ページに，さまざまな「疑似相関」の例をあげました。それぞれ，何が第三の事象か推測できるでしょうか？答えは下にありますので，第三の事象を見抜けるかどうか挑戦してみましょう。

問題！

疑似相関の例を五つあげました。第三の事象
を推測してみましょう。

①日本人男性の年収と体重には相関関係があります。
体重が重い人ほど，年収が高い傾向があるのです。

②実は，理系か文系かということと，指の長さの間に
相関関係があります。理系の人々には人差し指が薬指
より短い人が多く，文系の人々には同じくらいだという
人が多いのです。

③チョコレートの消費量が多い国ほど，ノーベル賞受賞
者の数が多い。チョコレートの成分が脳のはたらきを高
めるのかもしれない。

④靴のサイズが大きい子供は，文章の読解能力が高
い。だから足を見れば，その子の読解力がわかります。

⑤図書館が多い街ほど，違法薬物の使用による
検挙数が多い。街にもう一つ図書館をつくったら，
薬物使用の犯罪が増えるかもしれない……。

①～⑤の第三の事象は以下のとおり。

①年齢。年齢を重ねると所得は上がり，また体重も増える傾向にあります。
②性別。男性は女性よりも人差し指が薬指より短いという人が多く，また，男性は
女性よりも平均所得が高いのです。
③裕福さ。裕福な国ほどチョコレートの消費量が多く，またノーベル賞受賞者を輩出し
やすいのでしょう。
④年齢。子供は成長するにつれて靴のサイズが大きくなり，文章の読解能力も上がっ
ていくことでしょう。
⑤都市度。都市部ほど図書館の数も多くなりますし，また違法薬物の検挙数も多
くなるのです。

「全体」と「部分」でことなる結論になる

 データは，そのとり方で直感的に不正確な結論をみちびいてしまう危険性があります。

 直感的に不正確な結論をみちびくデータ……？
具体的に，どういうことなんでしょう。

 わかりやすい例をあげて説明しましょう。
理学部と医学部の二つの学部からなる，大学があるとします。ある年の入学試験では，男性受験者の合格率が53.6％だったのに対して，女性受験者の合格率は43.0％で，10ポイント以上も男性を下まわりました。
このデータからは，"女性にきびしい入学試験"という声が上がりそうです。

男性
受験者数：645名
合格者　：346名
不合格者：299名

男性受験者
全体の合格率

合格率
53.6％

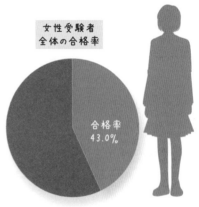

女性
受験者数：395名
合格者　：170名
不合格者：225名

女性受験者
全体の合格率

合格率
43.0％

たしかに，女性が入学するほうがむずかしそうですね。

ところが不思議なことに，学部ごとの合格率をみると，正反対の結論が得られました。理学部・医学部のどちらでも，男性受験者より女性受験者のほうが，合格率が高かったのです。

えっ!?　そんなことおこりえるんですか!?

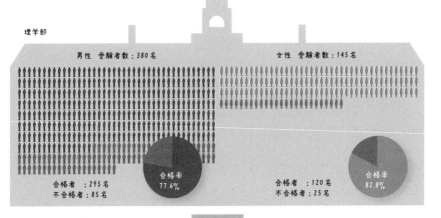

理学部

男性　受験者数：380名　　　　　　女性　受験者数：145名

合格者　：295名　　合格率
不合格者：85名　　77.6%

合格者　：120名　　合格率
不合格者：25名　　82.8%

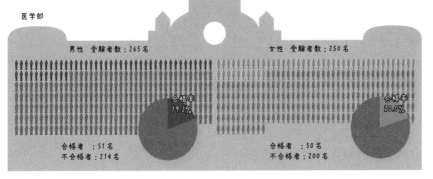

医学部

男性　受験者数：265名　　　　　　女性　受験者数：250名

合格率
19.2%

合格率
20.0%

合格者　：51名　　　　　合格者　：50名
不合格者：214名　　　　　不合格者：200名

これはシンプソンのパラドックスとよばれる現象です。イギリスの統計学者エドワード・シンプソン（1922～2019）が1951年にこのような例をあげて，全体に注目するか，それとも部分に注目するかによって，結論がことなる場合があることを指摘しました。

どこに注目するかがポイントなんですね。

ここまでは架空の入学試験を例にしましたが，実はこのパラドックスの実例といえそうな出来事が，アメリカ，カルフォルニア大学バークレー校でおきたのです。

そうなんですか。

はい。1973年の大学院入試で，女性の受験者の合格率が男性を9ポイントも下まわりました。
ところが学科ごとに調べると，6学科中4学科で，女性の合格率が男性を上まわっていたんです。

ふ～む。
現実でも「全体」と「部分」でことなる結論がでたんですね。

はい。このパラドックスは先ほどお話ししたように，全体だけを見て，あるいは部分だけを見て，直感的に不正確な結論をみちびく危険性を物語っています。

たしかに，学部ごとに調べたほうだけに注目すると，女性のほうが合格しているから，女性が入試に受かりやすいような印象を受けます。むずかしいなぁ……。

これを悪用すれば，全体か部分かのどちらかのデータだけを強調して，都合のよい主張をすることもできてしまいます。

悪用!?

たとえば「高所得者層も低所得者層も平均年収が増加しているのに，全体では平均年収が減少している」という現象がおきたとします。
それを，層別のデータで見ると景気は上向き，全体のデータで見ると景気は下向きと，正反対の主張ができてしまうのです。

なるほど……。
いくらでも情報操作できてしまいそうですね。

そうですね。統計をとった数字だから信用できると考えてしまいがちですが，こういったパラドックスがあることも覚えておくといいでしょう。

一部の数字だけで全体を判断しないよう，気をつけたいと思います！

さて，以上で認知バイアスについてのお話はおしまいです。

いやぁ，認知バイアスにはほんとうにいろんなものがあって，私たちの合理的な選択や判断をさまたげているんですね。

ええ，しかし，この本のはじめにもお話しした通り，認知バイアスそれ自体は必ずしも悪いものではないんですよ。
認知バイアスを生むとされているヒューリスティックは，物事をすばやく効率的に判断したり，自分の心の安定を保ったりするのに必要な脳の情報処理の方略です。
認知バイアスのことを知っていれば，一歩立ち止まって，認知バイアスの影響を受けていないか，考えることができると思います。

はい！　たくさんの認知バイアスを知ったことで，さまざまな場面における判断に，思いこみや先入観がまぎれていないか，考えるきっかけができたと思います。
先生，今日はありがとうございました！

5

時間目

数字にまつわる思いこみや勘ちがい

索引

索引

やさしくわかる！
文系のための
東大の先生が教える
70歳の取扱説明書

2023年11月上旬発売予定　A5判・304ページ　本体1650円（税込）

　今，世界はかつてない高齢化社会をむかえようとしています。日本も2025年には，65歳以上の高齢者が総人口に占める割合が，30%に達すると予測されています。

　年齢を重ねる中で，70歳という年齢は，本格的に体の衰えを感じる年代だといわれています。日本人の平均寿命は80歳をこえていますが，健康で自立して生活できる期間を意味する「健康寿命」は男女それぞれ72歳と75歳です。70歳は，一つのターニングポイントといえるでしょう。一方で，心は不思議な変化を見せることがあります。体が衰えていくにもかかわらず，高齢者が感じる幸福度は決して低くないようです。

　本書では，老化による体と心の変化のしくみや，老化との向き合い方，そして老化への対策まで，生徒と先生の対話を通してやさしく解説します。本書を読み，高齢期を健やかに過ごすヒントにしてください。お楽しみに！

🍎 **主な内容**

"老いる"ってどういうこと？

70歳は老化の転機
老いてゆく身体と心

老化と長寿のメカニズム

老化と遺伝子
長寿をもたらす遺伝子とは？

"健康に老いる"ために

老いの徴候の見方と予防の心得
老いとともに変わりゆく心
老いを楽しもう

進化する老化研究

"不老不死"は実現する!?

Staff

Editorial Management	中村真哉
Editorial Staff	井上達彦, 山田百合子
Cover Design	田久保純子

Illustration

表紙カバー	松井久美	73	木下真一郎	172~180	松井久美
表紙	松井久美	77	Newton Press	183~184	Newton Press
生徒と先生	松井久美	80	松井久美	186	松井久美
4	Newton Press	85~92	Newton Press	190	Newton Press
5~23	松井久美	96	松井久美	200~222	松井久美
24	松井久美, Newton Press	99	Newton Press	224	Newton Press
26~29	松井久美	101	松井久美	228~244	松井久美
33	Newton Press	103~105	木下真一郎	247	Newton Press
36	松井久美	115~119	松井久美	250~281	松井久美
47	Newton Press	120~135	Newton Press	282~284	Newton Press
50	松井久美	139~146	松井久美	288~290	松井久美
55	Newton Press	150~152	秋廣翔子	294~295	Newton Press
62	松井久美	153~158	松井久美	302~303	羽田野乃花, 松井久美
65~70	Newton Press	160~165	Newton Press		

監修（敬称略）：
植田一博（東京大学大学院教授）

やさしくわかる！
文系のための 東大の先生が教える
バイアスの心理学

2023年11月10日発行

発行人	高森康雄
編集人	中村真哉
発行所	株式会社 ニュートンプレス　〒112-0012東京都文京区大塚3-11-6
	https://www.newtonpress.co.jp/
	電話　03-5940-2451

© Newton Press　2023　Printed in Japan
ISBN978-4-315-52747-6